燃え尽きない柴

出エジプト記1章－6章1節（モーセの召命）による説教　上

小川武満先生とその時代（非戦平和と無医村医療開拓伝道の闘士）

奉天の教会（林三喜雄牧師）の跡を訪ねて

恵蘭のてがみと山田タミ（林郁著『満州・その幻の国ゆえに』を読んで）

中島英行

Hideyuki Nakajima

一麦出版社

小川武満先生と幸子夫人に感謝して

Soli Deo Gloria

小川武満先生と幸子夫人

目次

装釘　鹿島直也

Ⅰ　出エジプト記一章―六章一節（モーセの召命）による説教　上

出エジプト記一章五―七節

（ヤコブの子孫たち）

ヤコブの腰から出た子、孫の数は全部で七十人であった。ヨセフは既にエジプトにいた。ヨセフもその兄弟たちも、その世代の人々も皆、死んだが、イスラエルの人々は子を産み、おびただしく数を増し、ますます強くなって国中に溢れた。

「ヤコブの腰から出た子、孫の数は全部で七十人であった」。ヤコブはアブラハムの孫でした。アブラハムは神に召されて、諸国民の「祝福の源」とされた人でした。世界は人間の罪のゆえに堕落し、神の審判で互いに言葉が通じず、悲惨な戦争をくり返しています。その人間を救うために、神はアブラハムを召し、「地上の士族はすべて、あなたによって祝福に入る」と言われたのです。そのアブラハムがカナンの地に来たとき、主は「あなたの子孫にこの土地を与える」と約束されました。ヤコブはそのアブラハムの祝福の約束の継承者でした。またヤコブは神と格闘して、「イスラエル」という名を与えられました。そのヤコブの家族がイスラエルの民として、今やエジプトに来たのです。それは少数でしたが、アブラハムの祝福の継承者として、神の民イスラエルとして、エジプトに着いたのです。

ヨセフは一足先にエジプトに来ていました。彼はヤコブの子でしたが、兄たちの虐めにあい、エジプトに売られていたのです。しかし、ヨセフはさまざまな苦労の後、ファラオに次ぐ地位を与えられていました。カナンが飢饉にあったとき、ヨセフの招きによって、ヤコブ一家がエジプトに来たのです。そこでヨセフは兄たちと再会し、和解しました。

しかし、エジプトは彼らにとって外国の地であり寄留者でよそ者でした。そこで長い時を経てヤコブは死に、ヨセフもその世代の者も皆、死にました。ヤコブは先祖たちが葬られているマクペラの墓に葬ってほしいと遺言して死にました（創世四九・二九以下）。

ヨセフも「わたしは間もなく死にます。神は必ずあなたたちを顧みて下さり、この国からアブラハム、イサク、ヤコブに誓われた土地に導き上ってくだる」（創世五〇・二四）と告げています。それはイスラエルの民がやがてエジプトを出て、「乳と蜜の流れる地」へと導かれる彼らの大きな希望であったことを示しています。

しかし、イスラエルの民はその後エジプトにおいて「子を産み、おびただしく数を増し、ますます強くなって国中に溢れ」ました。異教の地エジプトにおいても、イスラエルの民を「地の砂」または「天の星」のように多くするという主の約束が実現したのです。

イスラエルの民は四三〇年間エジプトにいました（出エジプト一二・四〇）。それは長いようで、永遠に続く神の天地創造の歴史からみると、ほんのわずかな時です。

出エジプト記は創世記の宇宙論的視座の中に記されています。イスラエルの民は永遠に続く神の広大な歴史の中で、異教の地における長い苦闘の後に、必ずエジプトを出て「乳と蜜の流れる約束の地」へと導かれるという大きな希望をもって歩んだのです。

出エジプト記一章八—一四節

（ヨセフを知らない王）


そのころ、ヨセフのことを知らない新しい王が出てエジプトを支配し、国民に警告した。

「イスラエル人という民は、今や、我々にとってあまりに数多く、強力になりすぎた。抜かりなく取り扱い、これ以上の増加を食い止めよう。一度戦争が起これば、敵側に付いて我々と戦い、この国を取るかもしれない。」

エジプト人はそこで、イスラエルの人々の上に強制労働の監督を置き、重労働を課して虐待した。イスラエルの人々はファラオの物資貯蔵の町、ピトムとラメセスを建設した。しかし、虐待されればされるほど彼らは増え広がったので、エジプト人はますますイスラエルの人々を嫌悪し、イスラエルの人々を酷使し、粘土こね、れんが焼き、あらゆる農作業などの重労働によって彼らの生活を脅かした。彼らが従事した労働はいずれも過酷を極めた。

「そのころ、ヨセフを知らない新しい王が出た」。新しい王とはエジプトおけるヨセフの過去の業績を全く知らない王でした。またそこに住むイスラエルの人々と共に神がいて、祝福しておられることを否定し、無視する王でした。

新しい王には名前がありません。それはこの天地万物の創造者としての神の働きを否定する混沌（カオス）であり、また神の敵でした。この王はイスラエルの人々がエジプトにおいて大いに数を増し、ますます強くなっていることに恐れを抱いていました。

そこで「イスラエルという民は、今や、我々にとってあまりに数多く、強力になりすぎた。抜かりなく取り扱い、これ以上の増加を食い止めよう。一度戦争が起これば、敵側について我々と戦い、この国を取るかもしれない」と言っています。そしてイスラエルの人々の上に強制労働の監督を置き、重労働を課して虐待しました。

イスラエルの人々はピトムとラメセスの町を建設しました。しかし、彼らは虐待されればされるほど増え広がりました。エジプトの人々はますますイスラエルの人々を嫌悪し、粘土こね、レンガ焼き、あらゆる農作業によって彼らの生活を脅かしたのです。

彼の従事した労働は「過酷を極めた」とあります。それは過酷な奴隷としての生活でした。エジプトの民が他のイスラエルの民を蔑視し、奴隷のように虐待したのです。しかし、この世の歴史にはこの残酷な虐待が今も続いています。また、無意味な争いも戦争も絶えません。イスラエルの民はこのエジプトの虐待の中で、それに耐え忍んだのです。ファラオの虐待は絶え間なく続き、それは過酷を極めました。しかし、その虐待が過酷であればあるほど、イスラエルの民はエジプトを脱出して、「乳と蜜の流れる地」へ導かれる希望を大きくしたのです。キリスト者はこの世のあらゆる試練の中で、ただ世界の真の統治者であり審判者なる主イエス・キリストの到来を信じて待ち望むよりほかはありません。わたしたちはただ、「アーメン。主よ、来たりませ」と祈るよりほかはありません。

出エジプト記一章一九―二〇節

（助産婦たちの弁明）

助産婦はファラオに答えた。「ヘブライ人の女はエジプト人の女性とは違います。彼女たちは丈夫で、助産婦が行く前に産んでしまうのです。」神はこの助産婦たちに恵みを与えられた。民は数を増し、甚だ強くなった。

ファラオはシフラとプアの二人の助産婦たちに、ヘブライ人の出産を助けるとき、子どもの性別を確かめ、男の子なら殺し、女の子ならば生かしておけと命じました。幼児を殺すことほど残酷な命令はありません。マタイによる福音書二章に、御子イエス・キリストが生まれたとき、時の権力者であったヘロデ王は、ベツレヘムとその周辺一帯にいた二歳以下の男の子を一人残らず殺させたとあります。それは今日も世界のいたるところで、この幼児虐殺の残酷な命令が発せられています。

しかし、この助産婦たちへの命令は成功しませんでした。彼らは神を畏れる善意に満ちていたので、エジプトの王が命じたようにはせず、ヘブライ人として生まれた男の子を生かしておいたのです。

エジプト王はその助産婦たちを呼びつけて問いただし、「どうしてこのようなことをしたのか。お前たちは男の子を生かしているではないか」と言うと、助産婦たちは「ヘブライ人の女はエジプト人の女性とは違います。彼女たちは丈夫で、助産婦が行く前に産んでしまうのです」と答えました。それはまことに巧みな答えでした。神はこの助産婦たちの弁明に感心され、彼らにも子宝の恵みを与えられたのであります。

この二人の助産婦たちは何者でしょうか。もしヘブライ人の助産婦たちであったならば、自分たちが生んだ男の子を自ら殺すことになりますので、それはできません。それゆえ、この助産婦たちはエジプト人であったと思われます。

この二人の助産婦たちには名がつけられていますが、それは大勢の助産婦たちの代表者であったと思われます。彼女たちは異邦人であって、神を畏れ、善意に満ちていました。

そこで彼女たちはヘブライ人として生まれた男の子を殺すことはできなかったのです。

またファラオの名前はどこにもありません。彼は無名でした。それはファラオがいつも神に敵対する混沌（カオス）の王であったことを示しています。

それに対して、これらの異邦人の助産婦たちには、しっかりとその名が記されています。それはこの助産婦たちは神を畏れ、善意に満ちた人たちであったことを示しています。

彼らは二人ともエジプト人であり、しかも異教徒たちでした。それゆえ、ヘブライ人たちは異教徒の助産婦たちによって救われたのです。

あのペルシャの王キュロスが異教徒でありながら、捕囚になったイスラエル人をバビロンから解放するために神に油注がれた者であったことを忘れることはできません。

出エジプト記二章五―一〇節

（エジプトの王女の憐れみ）

そこへ、ファラオの王女が水浴びをしようと川に下りて来た。その間侍女たちは川岸を行き来していた。王女は、葦の茂みの間に籠を見つけたので、仕え女をやって取って来させた。開けてみると赤ん坊がおり、しかも男の子で、泣いていた。王女はふびんに思い、「これは、きっと、ヘブライ人の子です」と言った。そのとき、その子の姉がファラオの王女に申し出た。「この子に乳を飲ませるヘブライ人の乳母を呼んで参りましょうか。」

「そうしておくれ」と、王女が頼んだので、娘は早速その子の母を連れて来た。王女が、「この子を連れて行って、わたしに代わって乳を飲ませておやり。手当てはわたしが出しますから」と言ったので、母親はその子を引き取って乳を飲ませ、その子が大きくなると、王女のもとへ連れて行った。その子はこうして、王女の子となった。王女は彼をモーセと名付けて言った。「水の中からわたしが引き上げた（マーシャー）のですから。」

モーセはヘブライ人として生まれた男の子は皆、ナイル川に沈めて殺すという厳しい時代に生まれました。両親はモーセがあまりにかわいかったので、三か月間隠していましたが、隠しきれなくなったので、その子をパピルスの籠に入れて、アスファルトとピッチで防水し、ナイル川の葦の茂みの間に置きました。

そこへエジプトの王女が水浴びをしょうと川へ下りて来て、葦の茂みの間に籠を見つけました。開けてみると赤ん坊の男の子がいて泣いていました。王女は不憫に思い、これはきっとヘブライ人の子だと悟りました。「不憫に思い」とは、深い同情を寄せられたことを表しています。

彼女はファラオの娘でした。ファラオが出したヘブライ人として生まれた男の子は皆ナイル川に沈めて殺せという残酷な命令を知っていました。しかし、彼女はそのヘブライ人の男の子を不憫に思い、殺すことができなかったのであります。

その時その男の子の姉が王女の許可を得て、この子に乳を飲ませるためにモーセの母を呼んで来ました。王女はそのモーセの母に、「わたしに代わって乳を飲ませておやり。手当はわたしが出しますから」と親切に言いました。そこでモーセは実の母に乳を飲ませてもらい、ヘブライ人としての教育をうけました。そして乳離れした後で、王女のもとに連れて来られ、その養子となったのです。このようにして奇しくも異教のエジプトの王女によってナイル川から引き上げられて、モーセと名づけられ、成人するまでファラオの宮殿の中で育てられたのです。

それは後にモーセがイスラエルの民を奴隷の家エジプトから脱出させ、カナンの乳と蜜の流れる土地へと導くために、ファラオとの困難な交渉するために大いに役立ったのです。

異邦人の王女は奇しくもそのために用いられたのです。ファラオがその王女の優しい配慮をどのように受けとめたかはわかりません。おそらくあまり良くは思っていなかったでしょう。しかし、王女の優しさをただ黙認していたと思われます。

いずれにしても、異邦人であり異教徒であったこのエジプトの王女の女性としての温かい配慮が、モーセの誕生において神によって不思議にも用いられたのであります。

出エジプト記二章一一―一四節

（エジプト人を打ち殺す）

モーセが成人したころのこと、彼は同胞のところへ出て行き、彼らが重労働に服しているのを見た。そして一人のエジプト人が、同胞であるヘブライ人の一人を打っているのを見た。モーセは辺りを見回し、だれもいないのを確かめると、そのエジプト人を打ち殺して死体を砂に埋めた。翌日、また出て行くと、今度はヘブライ人どうしが二人でけんかをしていた。モーセが、「どうして自分の仲間を殴るのか」と悪い方をたしなめると、「誰がお前を我々の監督や裁判官にしたのか。お前はあのエジプト人を殺したように、このわたしを殺すつもりか」と言い返したので、モーセは恐れ、さてはあの事が知れたのかと思った。

モーセが成人した頃、彼は王女の養子と呼ばれることを嫌っていました。それは自分がヘブライ人でありながら、エジプトの宮殿で何の苦労なく育てられたことを恥じたからであります。彼は自分がヘブライ人であるという帰属意識に目覚めたのであります。

彼は何とかしてエジプトにおいて虐待され、重労働を課せられている同胞を助けたいと思いました。そして出て行って、同胞のヘブライ人の一人がエジプト人にひどく圧迫され、打たれているのを見て、深く同情しました。彼はあたりを見回し、だれも見ていないことを確かめると、義憤にかられてそのエジプト人を打ち殺して、その死体を砂に埋めてしまいました。彼は自らの若さと正義感のゆえに、暴力をもって行動したのです。

また翌日出て行って見ると、今度は同胞のヘブライ人同士が喧嘩をしていました。それはエジプトにおいて虐待されている者同士の心が荒み、互いに喧嘩をすることが絶えなかったからと思われます。モーセは「どうして自分の仲間を殴るのか」と悪い方をたしなめると、「誰がお前を我々の監督や裁判官にしたのか。お前はあのエジプト人を殺したように、このわたしをも殺すつもりか」と言い返しました。モーセは思いがけずその同胞からも厳しい批判を受け、自分がエジプト人を殺したことが知れ渡っていることを知ったのです。彼の単なる同情からの暴力による行動は見事に挫折したのです。

ファラオはこのことを聞いて大変怒り、モーセを殺そうと訊ね求めました。そこでモーセはファラオの危険が迫ったことを知り、彼の手を逃れて、エジプトを出て、遠く離れたミディアンの地にたどり着き、とある井戸の傍らに座ったのであります。

ミディアン人は、パレスチナ南部およびアラビア半島北西部を本拠地とする遊牧民でした。彼らはラクダを飼育して隊商を連ねて交易をし、兄たちに投げ込まれたヨセフを穴から引き上げて、イシュマエル人たちに売り渡した人たちでした。そのイシュマエル人たちがヨセフをエジプトに連れて行ったのです。しかし、その異邦人であったミディアン人と、モーセは親しい関係を結び、その娘チッポラと結婚し、しゅうとエテロの羊を飼って、長く生活したのです。

出エジプト記二章一六―二〇節

（ミディアンの地への逃亡）

さて、ミディアンの祭司に七人の娘がいた。彼女たちがそこへ来て水をくみ、水ぶねを満たし、父の羊の群れに飲ませようとしたところへ、羊飼いの男たちが来て、娘たちを追い払った。モーセは立ち上がって娘たちを救い、羊の群れに水を飲ませてやった。娘たちが父レウエルのところに帰ると、父は、「どうして今日はこんなに早く帰れたのか」と尋ねた。彼女たちは言った。「一人のエジプト人が羊飼いの男たちからわたしたちを助け出し、わたしたちのために水をくんで、羊に飲ませてくださいました。」父は娘たちに言った。「どこにおられるのだ、その方は。どうして、お前たちはその方をほうっておくのだ。呼びに行って、食事を差し上げなさい。」

モーセがミディアン地方に逃れ、ある井戸の傍らに腰を下ろしていたとき、ミディアンの祭司の娘たちが水を汲みに来ました。彼女たちが水舟に水を満たし、羊の群れにも水を飲ませようとしたところ、羊飼いの男たちが来て、娘たちを暴力的に追い払いました。

モーセは立ち上がって娘たちを救い、羊の群れにも水を飲ませてやりました。エジプトにおいて、モーセは同胞のイスラエル人の苦境を助けようとしましたが、それはミディアンの地においても変わりなく、水を汲みに来た娘たちを助けて、その羊の群れにも水を飲ませたのです。娘たちの父は、「どうしてお前たちはその方をほうっておくのだ。呼びに行って、食事を差し上げなさい」と言いました。そこでモーセはその家に呼ばれて食事を共にし、やがてその娘の一人であるチッポラと結婚しました。

そして生まれた子に、ゲルショムという名を付けました。ゲルショムとは「寄留者」という意味でした。それはモーセが異教のミディアンの地で義父エテロの羊を飼い、長い間穏やかで平和な生活をしながらも、なおエジプトにおける同胞の苦しみを忘れていなかったことを示しています。モーセはこのミディアンの地においても、自分が外国人であり寄留者であることを決して忘れなかったのです。

モーセはこの異教のミディアンの地で神の召しを受け、エジプトへと遣わされたのです。

そしてモーセがイスラエルの民を率いてエジプトを脱出した後、しゅうとエテロと再会して、自分たちがいろいろな困難にあったが、神が彼らを救い出してくださったことを告げると、エテロは大変喜んで、イスラエルの神を讃美しています。それは異教徒にとっても、大いに神を讃美するに値する出来事だったのであります。

そしてエテロは、モーセが大勢の人たちを一人で裁いているのを見て、彼に助言して、「あなたは民全員の中から、神を畏れる有能な人で、不正な利得を憎み、信頼に値する人物を選び、千人隊長、百人隊長、五十人隊長、十人隊長として民の上に立てなさい。平素は彼らに民を裁かせ、大きな事件があったときだけ、あなたのもとにもって来させる」ようにしなさいと言って励ましています。モーセは義父である異教徒エテロの助言に従い、イスラエルの組織を立て直して再出発したのです。

出エジプト記三章一―六節

（燃え尽きない柴）

モーセは、しゅうとでありミディアンの祭司であるエトロの羊の群れを飼っていたが、あるとき、その群れを荒れ野の奥へ追って行き、神の山ホレブに来た。そのとき、柴の間に燃え上がっている炎の中に主の御使いが現れた。彼が見ると、見よ、柴は火に燃えているのに、柴は燃え尽きない。モーセは言った。「道をそれて、この不思議な光景を見届けよう。どうしてあの柴は燃え尽きないのだろう。」

主は、モーセが道をそれて見に来るのを御覧になった。神は柴の間から声をかけられ、「モーセよ、モーセよ」と言われた。彼が、「はい」と答えると、神が言われた。「ここに近づいててはならない。足から履物を脱ぎなさい。あなたの立っている場所は聖なる土地だから。」神は続けて言われた。「わたしはあなたの父の神である。アブラハムの神、イサクの神、ヤコブの神である。」モーセは、神を見ることを恐れて顔を覆った。

モーセはミディアンの祭司であるしゅうとエテロの羊を飼って生活していました。ある時、その羊の群れを荒れ野の奥へと追って行き、神の山ホレブに来ました。その時、柴の間に燃えている炎の中に主の御使いが現れました。炎は神の臨在を表します。燃えている柴そのものが神ではなく、その燃えている柴の間に炎が出て、主の御使いが現れたのです。

モーセは自然の神秘にふれたのであります。しかし、自然そのものが神ではなく、自然を通して神が現れたのです。

パウロは「目に見えない神の性質、つまり神の永遠の力と神性は被造物に現れており、これを通して神を知ることができます」と言っています（ローマ一・二〇）。

モーセは「道をそれて、この不思議な光景を見届けよう。どうしてあの柴は燃え尽きないのだろう」と言いました。そして道をそれて、この不思議な光景を見てみようと、近づいて行ったのです。「道をそれて」とは、その普段の羊を追う生活からしばし離れて、自然の神秘を確かめようと近づいたことを示しています。

神はモーセが道をそれて近づいて来るのを見て、柴の間から、「モーセよ、モーセよ」と声をかけられました。モーセが「はい」と答えると、神は「ここに近づてはならない。足から履物を脱ぎなさい。あなたの立っている場所は聖なる土地だから」と言われました。

モーセはホレブの荒れ地に立っていました。そこでモーセは畏れ多くも神が御臨在される聖なる場所に立っていたのです。それゆえ、モーセは「あなたの足から履物を脱ぎなさい」と言われたので、彼はその足から履物を脱いだのであります。

神はさらに続けて、「わたしはあなたの父の神である。アブラハムの神、イサクの神、ヤコブの神である」と言われました。モーセに現れ、語り掛けられた神は、アブラハムに現れた先祖伝来の世界の祝福の源とされた神であり、イスラエルの民をエジプトから脱出させ、乳と蜜に満ちる約束の地へと導かれる神であったのであります。モーセは「はい」と答えて、その召しに従順に応えています。

出エジプト記三章七―一〇節

（乳と蜜の流れる地）

主は言われた。「わたしは、エジプトにいるわたしの民の苦しみをつぶさに見、追い使う者のゆえに叫ぶ彼らの叫び声を聞き、その痛みを知った。それゆえ、わたしは降って行き、エジプト人の手から彼らを救い出し、この国から、広々としたすばらしい土地、乳と蜜の流れる土地、カナン人、ヘト人、アモリ人、ペリジ人、ヒビ人、エブス人の住む所へ彼らを導き上る。見よ、イスラエルの人々の叫び声が、今、わたしのもとに届いた。また、エジプト人が彼らを圧迫する有様を見た。今、行きなさい。わたしはあなたをファラオのもとに遣わす。わが民イスラエルの人々をエジプトから連れ出すのだ。」

神はエジプトにいるわたしの民の苦しみをつぶさに「見」、追い使う者のゆえに叫ぶ彼らの叫び声を「聞き」、その痛みを「知った」とあります。それゆえ、神は「降って行き」、エジプト人の手から彼らを「救い出し」、この国から、広々としたすばらしい土地、すなわち、乳と蜜の流れる土地へと彼らを「導き上る」と言われました。見よ、イスラエルの人々の叫び声が、今、神のもとへ「届いた」のです。また神はエジプト人が彼らを圧迫する有様を「見た」とあります。これらの「見た」「聞いた」「知った」「降って行き」「救い出し」「導き上る」はみな、神の行為であります。神はエジプトにおいてイスラエルの民が苦しんでいる様子をつぶさに「見て」、彼らの叫び声を「聞き」、その痛みを「知って」、そのありさまをすべてご存じだったのであります。

それゆえ「降って行って」、彼らをエジプトから「救い出し」、この国から、広々とした土地、すなわち、乳と蜜の流れる土地へと「導き上る」言われたのであります。

それゆえ、「今、行きなさい。わたしはあなたをファラオのもとへ遣わす。我が民イスラエルの人々をエジプトから救い出すのだ」と言って、モーセをファラオのもとへ遣わされたのであります。それはモーセに与えられた大きな使命を表しています。

この「降って行って」は、主イエス・キリストの受肉をさしています。主イエス・キリストは人間としてこの世に降って来て、その苦しみと試練の数々を自ら経験し、そのすべてを担って十字架につけられて死に、復活されて、すべての人間を救う方となられたのです。

しかし、「乳と蜜の流れる土地」とはどういう所でしょうか。それは「カナン人、ヘト人、アモリ人、ペリジ人、ヒビ人、エブス人の住む所」とあります。それはカナンに住む異邦人の先住民をすべてさしています。アブラハムは、この先住民のヘト人から高価な金銭を払って、マクペラの墓を買い取ったのであります。それがその地上における彼らの唯一の所有だったのであります。彼はこの世においてはただ「寄留者」「旅人」として歩みました。

したがって、彼に約束された「乳と蜜の流れる土地」とは、決して先住民を追い出して造る地上の理想郷ではなかったのであります。

出エジプト記三章一一―一二節

（わたしは必ずあなたと共にいる）

モーセは神に言った。「わたしは何者でしょう。どうして、ファラオのもとに行き、しかもイスラエルの人々をエジプトから導き出さねばならないのですか。」
神は言われた。「わたしは必ずあなたと共にいる。このことこそ、わたしがあなたを遣わすしるしである。あなたが民をエジプトから導き出したとき、あなたたちはこの山で神に仕える。」

モーセは神があなたをエジプトのファラオのもとに遣わすという召しを受けたとき、「わたしは何者でしょう。どうして、ファラオのもとに行き、しかもイスラエルの人々をエジプトから導き出さねばならないのですか」と言って抵抗しています。

モーセはかつてエジプトの地で、一人のエジプト人を打ち殺して、ファラオの怒りを買っています。また同胞のヘブライ人が喧嘩をしているのを諌めて、逆に「誰があなたを我々の監督または裁判官にしたのか」といって非難されています。そのモーセを、神は今やエジプトのファラオのもとに遣わし、イスラエルの人々を救い出し、乳と蜜の流れる約束の土地へと導こうとしておられのです。

それはモーセにとってあまりにも大きな使命であり、彼は「わたしは何者でしょう」と言って、とてもわたしにはその使命を成し遂げる力はありませんと反論したのです。

しかし、このモーセの抵抗と反論に対して、神は「わたしは必ずあなたと共にいる。このことこそ、わたしがあなたを遣わすしるしである」と言われました。神はモーセと共にいて、遣わされることのすべてことにおいて彼を支え、導くと言われたのです。

「わたしは何者でしょうか」と言うモーセの問いに対して、神はその神の御臨在の確かさをもって答えられたのです。つまり、モーセは彼一人で働く者ではありません。そのなすすべてにおいて、神が共におられるからであります。モーセは決して見捨てられていないのです。神はこれがあなたに与える「しるし」であると言われました。この神がモーセと共におれるということは、将来の祝福の約束を保証するしるしだったのです。

それはモーセがイスラエルの民をエジプトから導き出したとき、神は「あなたはこの山で神に仕える」と言われました。モーセは神が共におられたので、イスラエルの民をエジプトから救い出し、シオンの山で神を礼拝する者となることが示されています。

この「わたしは必ずあなたと共にいる」は、御子イエス・キリストの誕生において、インマヌエル「神われらと共にいます」において成就しています（マタイ一・二三）。

御子イエスの誕生において人間となってこの世に降りて来られ、「神がわたしたちと共におられる」ゆえに、神は人間のありとあらゆる苦しみと試練を知り、それを担って十字架につけられて死に、人間の罪を赦して復活してくださったのであります。

マタイによる福音書二八章二〇節で、主イエスは「見よ、世の終わりまで、わたしはあなたと共にいる」と言って、わたしたちのこの世への派遣を保証してくださったのです。

出エジプト記三章一三―一五節

（神の名は何と言うか）

モーセは神に尋ねた。

「わたしは、今、イスラエルの人々のところへ参ります。彼らに、『あなたたちの先祖の神が、わたしをここに遣わされたのです』と言えば、彼らは、『その名は一体何か』と問うにちがいありません。彼らに何と答えるべきでしょうか。」

神はモーセに、「わたしはある。わたしはあるという者だ」と言われ、また、「イスラエルの人々にこう言うがよい。『わたしはある』という方がわたしをあなたたちに遣わされたのだと。」

神は、更に続けてモーセに命じられた。

「イスラエルの人々にこう言うがよい。あなたたちの先祖の神、アブラハムの神、イサクの神、ヤコブの神である主がわたしをあなたたちのもとに遣わされた。
　これこそ、とこしえにわたしの名
　これこそ、世々にわたしの呼び名。

　モーセはイスラエルの人々のところへ行って、彼らに「あなたの先祖の神が、わたしをここに遣わされたのです」と言えば、彼らは「その名は一体何か」と問うにちがいありません。彼らに何と答えたらよいでしょうか。

　それはモーセを遣わした神の名は何と言うか、という深刻な問いであります。イスラエルの人々はモーセが正真正銘、神の代理人であるというその証拠を求めています。もしモーセが神の名を知っていれば、彼が神の前で特別な地位にあり、神との深い交わりがあることになります。しかし、イスラエルの人々は、モーセが神から遣わされた者であることを信じないと、モーセは考えていました。

　ところが、神はモーセに、「わたしは有る。わたしは有るという者だ」と言われました。そして、イスラエルの人々にこう答えなさい。「わたしは有るいう方が、わたしをあなたがたのところに遣わされたのだ」と答えなさいと言われました。

それでは、「わたしは有る」とは、どういう意味でしょうか。それは単に人間の考えで「わたしは有る」、「存在する」という意味ではありません。それは「神は人に名付けられて存在するもの」ではなく、「自らを啓示される神」であることを示しています。

またそれはモーセに関わり、将来のイスラエルにも関わる神であることを示しています。それゆえ、神はイスラエルの人々に、「わたしは有ると言う方が、わたしをあなたたちに遣わされたのだと」と答えなさいと言われました。それは「わたしはあなたのための神」であり、「神は彼らのために誠実に神であろうとする方」であることを示しています。

ヘブライ人への手紙一三章八節に、「イエス・キリストは、きのうも今日も、また永遠に変わることがない方である」とありますが、これが神を表す最もふさわしい表現であります。

神はモーセを遣わして存在する神であり、モーセをとおしてイスラエルをエジプトから救い出し、乳と蜜の流れる約束の土地へ導き上ろうとする神であることを示しています。

「これこそ、とこしえにわたしの名。これこそ世々にわたしの呼び名」（一五節）。

出エジプト記四章一―九節

（三つのしるし）

モーセは逆らって、「それでも彼らは、『主がお前などに現れるはずがない』と言って、信用せず、わたしの言うことを聞かないでしょう」と言うと、主は彼に、「あなたが手に持っているものは何か」と言われた。彼が、「杖です」と答えると、主は、「それを地面に投げよ」と言われた。彼が杖を地面に投げると、それが蛇になったのでモーセは飛びのいた。主はモーセに、「手を伸ばして、尾をつかめ」と言われた。モーセが手を伸ばしてつかむと、それは手の中で杖に戻った。「こうすれば、彼らは先祖の神、アブラハムの神、イサクの神、ヤコブの神、主があなたに現れたことを信じる。」主は更に、「あなたの手をふところに入れなさい」と言われた。モーセは手をふところに入れ、それから出してみると、驚いたことには、手は重い皮膚病にかかり、雪のように白くなっていた。主が、「手をふところに戻すがよい」と言われたので、ふところに戻し、それから出してみると、元の肌になっていた。「たとえ、彼らがあなたを信用せず、最初のしるしが告げることを聞かないとしても、後のしるしが告げることは信じる。しかし、この二つのしるしのどちらも信ぜず、またあなたの言うことも聞かないならば、ナイル川の水をくんできて乾いた地面にまくがよい。川からくんできた水は地面で血に変わるであろう。」

モーセは神に逆らって、それでも彼らは「主がお前たちに現れるはずがない」と言って信用せず、わたしの言うことを聞かないでしょう」と反論しました。それはモーセの不信仰を表しています。彼はどこまでもイスラエルの民はわたしを信じないと断言しています。ところが、主はモーセに三つのしるしを行うことを命じられました。その第一は、モーセが持っている杖を「地面に投げる」と、その杖は蛇に変わり、またモーセがその蛇の尾をつかむと、また元どおりの杖になったとあります。それはモーセが死と混沌をも克服する力があることを示しています。しかし、それでも彼らはモーセを信じるとは限らないのです。

そこで主は、「あなたの手をふところに入れて」、それを出してみると重い皮膚病になり、雪のように白くなったとあります。しかし、主が「手をふところに戻すがよい」と言われたので、ふところに戻すと、手は元の肌に戻ったというのであります。それはモーセが重い病をもたらし、また癒すことができることを示しています。しかし、それさえもイスラエルの人々モーセを信じないことがあるのです。そこで主は第三のしるしであるナイル川の水を汲んできて、地にまくとそれは血に変わると言われたのであります。この結果人々がモーセを信じるようになったかどうかはわかりません。

神はモーセをとおして、さまざまな奇跡としるしを行われます。それは神がモーセと共におられることのしるしです。しかし、その奇跡としるしをもってしても、人々は必ずしも信じるとはかぎりません。

出エジプト記四章一〇―一二節

（口が重く、舌が重い）

それでもなお、モーセは主に言った。「ああ、主よ。わたしはもともと弁が立つ方ではありません。あなたが僕にお言葉をかけてくださった今でもやはりそうです。全くわたしは口が重く、舌の重い者なのです。」主は彼に言われた。「一体、誰が人間に口を与えたのか。一体、誰が口を利けないようにし、耳を聞こえないようにし、目を見えるようにし、また見えなくするのか。主なるわたしではないか。さあ、行くがよい。このわたしがあなたの口と共にあって、あなたが語るべきことを教えよう。」

モーセは主に、「ああ、主よ。わたしはもともと弁が立つ方ではありません。あなたが僕にお言葉をかけてくださった今でもやはりそうです。全くわたしは口が重く、舌の重い者なのです」と言っています。モーセはいわゆる吃音《きつおん》ではなく、訥弁《とつべん》であったと思われます。植村正久も訥弁であったと言われますが、彼は訥弁の雄弁であったと言われています。モーセは自分が訥弁であることを理由に、神の召しに躊躇して抵抗しているのです。わたしは人前に立ってうまく話せませんので、エジプトに行ってファラオと交渉し、イスラエルの民をエジプトから救い出し、三日間荒野に行って主に犠牲をささげるなどと言うことは、とても言うことができませんと言って、神の召しに抵抗しています。

しかし、神は彼に、「一体誰が人間に口を与えたのか。一体誰が口を利けないようにし、耳を聞こえないようにし、目が見えるようにし、また見えなくするのか。主なるわたしではないのか」と言われました。

神は天地創造の際に、人間に口と耳と目とを与えて、彼が口で話し、耳で聞いて、目で見えるようにしてくださった方であります。しかし、また口を利けないようにし、耳で聞こえないようにし、目を見えなくするお方でもあります。この世には口で話し、耳で聞き、目が見ることができる人ばかりでありません。口のきけない人、耳が聞こえない人、目が見えない人が多くあります。しかし、神はそれぞれに命を与えて生かし、それぞれにふさわしい使命を与えておられます。

それゆえ、神はモーセに、「さあ、行くがよい。このわたしがあなたの口と共にあって、あなたが語るべきことを教えよう」と言われました。言語能力を十分にもっている人だけが、神から使命を与えられているのではありません。身体障がい者の一人ひとりにも神から何らかのふさわしい使命が与えられています。「わたしの恵みはあなたに十分である。力は弱さの中にこそ十分に発揮されます」とあるとおりです（Ⅱコリント一二・九）。

わたしはＮＨＫの連続ドラマ「らんまん」を見て、大変感激しました。それは主人公の植物学者が一つひとつの名もない草花にも生命があり、死があると言って、日本中の名もない草花を採集して、その新種に名をつけ、大きな植物図鑑を完成したドラマでした。

それはまさに、今日は生えていて、明日は炉に投げ込まれる、はかない人間一人ひとりにも当てはまることではないでしょうか。

出エジプト記四章一三−一七節

（他の人をお遣わしください）

モーセは、なおも言った。「ああ主よ。どうぞ、だれかほかの人を見つけてお遣わしください。」

主はついに、モーセに向かって怒りを発して言われた。

「あなたにはレビ人アロンという兄弟がいるではないか。わたしは彼が雄弁なことを知っている。その彼が今、あなたに会おうとして、こちらに向かっている。あなたに会ったら、心から喜ぶであろう。彼によく話し、語るべき言葉を彼の口に託すがよい。わたしはあなたの口と共にあり、また彼の口と共にあって、あなたたちのなすべきことを教えよう。彼はあなたに代わって民に語る。彼はあなたの口となり、あなたは彼に対して神の代わりとなる。あなたはこの杖を手に取って、しるしを行うがよい。」

モーセは、「ああ、主よ。どうぞ、だれか他の人をお遣わしください」と言っています。彼は主の召しに対して、何度も抵抗し、反論し、拒否してきましたが、ここではその抵抗も、反論も、拒否の言葉はどこにも見当たりません。モーセは神が自分を遣わすのではなく、「誰か他の人をお遣わしください」と言っています。彼は主の召しにいっさい服さなかったのです。それは主の召し対するモーセの最大の抵抗であり、反論であり、拒否でありました。主はついにモーセに向かって怒りを発したと言われます。モーセはどこまでも強情で、かたくなであったのです。神はそのモーセに対して厳しく「怒って」おられます。

民数記二〇章を見ますと、彼らがツィンの荒野に入ったとき、そこに水がなかったので、イスラエルの民はモーセに逆らいました。その時、主はモーセに、「彼らの目の前で岩に向かって、水を出せと命じなさい。あなたはその岩から彼らのために水を出し、共同体と家畜に水を飲ませなさい」と言われました。ところが、モーセが手を上げ、その杖で岩を二度打つと、水がほとばしり出たとあります。そこで主はモーセに向かって怒りを発し、あなたは「わたしを信じることをせず、イスラエルの人々の前に、わたしの聖なることを示さなかった。それゆえ、あなたはこの会衆をわたしが与える土地に導き入れることはできない」と厳しく言われました。そして主はモーセを約束の地に導き入れなかったのです。

しかし、ここでは神はモーセが自分ではなく、だれか「他の人をお遣わしください」と言ったことに対して、神は単に怒りを発するだけでなく、兄アロンをあなた共に遣わすと言われました。兄アロンは雄弁な人でした。それゆえ、「語るべき言葉を彼の口に託すがよい。わたしはあなたと共にあり、また彼の口と共にあって、あなたのなすべきことを教えよう。彼はあなたに代わって民に語る。彼はあなたの口となり、あなたは彼に対して神の代わりとなる」と言われました。

アロンは欠けの多い人でした。出エジプト記三二章一節以下を見ますと、アロンが民の要請に従って若い雄牛の鋳造を造って拝んだことが記されいます。また民数記一二章二節以下を見ますと、アロンはミリアムと共に、「主はモーセを通してのみ語られるというのか。我々を通しても語られるのではないか」と言ったとあります。しかし、その欠けの多いアロンをも用いて、主はモーセと共に遣わされたのです。

出エジプト記四章二一―二三節

（ファラオの心をかたくなにする）

主はモーセに言われた。

「エジプトに帰ったら、わたしがあなたの手に授けたすべての奇跡を、心してファラオの前で行うがよい。しかし、わたしが彼の心をかたくなにするので、王は民を去らせないであろう。あなたはファラオに言うがよい。主はこう言われた。『イスラエルはわたしの子、わたしの長子である。

モーセがしゅうとのエテロのもとへ帰って、「エジプトの親族のもとへ帰らせてください。

まだ元気かどうか見届けたいのです」と言うと、エテロは「無事に行きなさい」と言って、快く送り出しました。それはモーセの真の目的が、エジプトにいる同胞のイスラエル人を救い出し、約束のカナンの地に導く大きな目的があることを語っていません。もしそれを語れば、エテロはひきとめるかもしれないと思ったからであります。

そこでモーセは妻子をロバに乗せ、手には神の杖を携えて、エジプトをめざして帰って行きました。もっとも妻のチッポラと息子二人は、途中でミディアンのエテロのもとに帰しています。またモーセは、ファラオの前で数々の不思議な奇跡を行う権限を与えられていましたが、それをもってしても、神がファラオの心をかたくなにされるので、王は簡単には民をエジプトから去らせることはしないと言っておられます。

なぜ主は、「わたしが彼の心をかたくなにするので、王は民を去らせないであろう」と言われたのでしょうか。モーセはエジプトで数々の奇跡を行いましたが、そのつど主がファラオの心を頑迷にし、かたくなにされたので、民を容易にエジプトから去らせなかったと、くり返し言われています。この言葉は、ファラオ自身に責任があるのではなく、むしろ神ご自身に責任があるといえるのではないでしょうか。

出エジプト記一〇章一−二節を見ますと、主はモーセに次のように言われました。

「ファラオのもとに行きなさい。彼とその家臣の心を頑迷にしたのは、わたし自身である。それは彼らのただ中でわたしがこれらのしるしを行うためであり、わたしがエジプト人をどのようにあしらったか、どのようなしるしを行ったかをあなたがたが子孫に語り伝え、わたしが主であることをあなたがたが知るためである」と言われたのであります。

神はいつどこにあっても主であり、王であります。ファラオの心を頑迷にし、またかたくなにされたのは、神がその心が頑迷でかたくなであるエジプト人を、どのようにあしらったかを、民がその子孫に語り伝えるためだったのです。

確かに、神はモーセを遣わし、出エジプトの大いなる御業を成し遂げ、イスラエルの民を乳と蜜の流れる約束の地に導かれます。しかし、それは容易なことでありません。

ファラオは確かに、神がその心を頑迷にし、かたくなにされるので、モーセは容易にその民をエジプトから救い出すことはできません。しかし、それはイスラエルの子孫が神の強い手によって出エジプトの御業を成し遂げてくださることを証するためであったのです。

出エジプト記四章二四―二六節

（あなたは血の花婿）

途中、ある所に泊まったとき、主はモーセと出会い、彼を殺そうとされた。ツィポラは、とっさに石刀を手にして息子の包皮を切り取り、それをモーセの両足に付け、「わたしにとって、あなたは血の花婿です」と叫んだので、主は彼を放された。彼女は、そのとき、割礼のゆえに「血の花婿」と言ったのである。

それはモーセがエジプトのファラオのもとへ道を急いでいる途中の出来事でした。主はモーセに出会い、彼を殺そうとされたのです。重大な使命のために道を急いでいる者を途中で殺そうとされることがあってよいのでしょうか。実は歴史を見ますと、それはしばしば起こりえることであったのです。昔宣教師たちが日本に宣教に行こうと勇んで乗っていた舟が大嵐にあって転覆し、宣教師は死んでしまいました。またせっかく中国で宣教の業についていたその家族が殺されてしまったという悲劇も起こりました。神はどうしてその宣教師や家族を殺そうとされたのでしょうか。それはその宣教の使命が宣教師や家族の業ではなく、あくまで神の業であることを示すためでありました。神は重大な使命に召した人間を用いて大きな業をなすことも、殺すこともおできになるのです。

モーセはこの時あるいは重大な病気にかかって死にそうになっていたのかもしれません。その妻のチッポラは懸命にモーセを看病したに違いありません。そして何よりも、彼女はとっさに石刀を手に取って、息子の包皮を切り取り、それをモーセの両足に付けたのであります。そして彼女は「わたしにとって、あなたは血の花婿です」と叫んだとあります。

息子の包皮を切り取って、モーセの両足に付けることは、モーセに割礼を施したことを意味しています。モーセはその割礼のゆえに、神に聖別されて、その使命に仕えるために生かされたのです。チッポラはモーセに割礼を施し、彼を聖別して神にささげ、「わたしにとって、あなたは神に聖別された血の花婿です」と叫んだのです。

チッポラは異邦人のミディアンの女性でした。あの助産婦たちが異邦人の女性たちであったにもかかわらず、ヘブライ人たちから生まれた男の子を殺さなかったように、またエジプトの王女が異邦人の女性であったが、モーセを不憫に思い、ナイル川から救いあげたように、チッポラも異邦人の女性でしたが、モーセと結婚してその妻として用いられたのです。

神はこれらの異邦人の女性たちを用いて、不思議にもその重大な使命を果たされたのです。神は歴史の中で度々女性たちを用いて、その大きな働きをなさいます。

主イエス・キリストが死人の中から復活されたとき、その最初の証人となったのは女性たちでありました。マタイによる福音書二八章八節に、「婦人たちは、恐れながらも大いに喜び、急いで墓を立ち去り、弟子たちに知らせるために走って行った」とあります。

日本も異邦人の民族です。しかし、その異邦人の女性たちをとおして、日本の教会はどれだけ多く助けられているかわかりません。

出エジプト記五章五—九節

（わらを与えるな）

ファラオは更に、言った。「この国にいる者の数が増えているのに、お前たちは彼らに労働をやめさせようとするのか。」ファラオはその日、民を追い使う者と下役の者に命じた。「これからは、今までのように、彼らにれんがを作るためのわらを与えるな。わらは自分たちで集めさせよ。しかも、今まで彼らが作ってきた同じれんがの数量を課し、減らしてはならない。彼らは怠け者なのだ。だから、自分たちの神に犠牲をささげに行かせてくれなどと叫ぶのだ。この者たちは、仕事をきつくすれば、偽りの言葉に心を寄せることはなくなるだろう。」

モーセとアロンはエジプトに行き、ファラオの前に出ました。モーセはかつてエジプトで拒否された同胞のイスラエルの長老たちとも和解しました。彼らはファラオに向かって、「わたしの民を去らせて、荒れ野でわたしのために祭りを行わせなさい」と言いました。ところがファラオは、「主とは一体何者なのか。どうして、その言うことをわたしが聞いて、イスラエルの民を去らせねばならないのか。わたしは主など知らないし、イスラエルの民を去らせはしない」と答えました。ファラオはイスラエルの神などを全く知らないし、信じようとしない異教徒だったのです。

モーセたちは、「ヘブライ人の神がわたしたちに出現されました。どうか、三日の道のりを行かせて荒れ野で、わたしたちの神、主に犠牲をささげさせてください。そうしないと、神はきっと疫病か剣でわたしたちを滅ぼされるでしょう」と言いましたが、ファラオはヘブライ人の神を全く信じないどころか、三日間の道のりを行って、主に犠牲をささげさせてくださいという申し出を、彼らは「怠け者」だと言っています。ファラオはただイスラエルの民が増え、ますます強くなっていることを非常に恐れていたのです。

そこで彼はその日、民を追い使う者に命じて、「これからは、今までのように、レンガを作るためのわらを与えるな。わらを自分たちで集めさせよ。しかも、今まで彼らが作って来たレンガの数量を課し、減らしてはならない。彼らは怠け者だ。だから、自分たちの神に犠牲をささげさせてくれなどと叫ぶのだ」と言いました。

ファラオに任命されたイスラエルを追い使う者たちは、イスラエルの下役の者たちに、「どうして、今までと同じ決められた量のレンガをその日のうちに仕上げることができないのか」と言って、彼らを激しく虐待したのです。

そこでイスラエルの下役たちはファラオに訴え、それでも聞きいてもらえなかったので、彼らが苦境に立たされたことを知りました。そこで彼らはモーセとアロンに抗議し、「あなたたちのお陰で、ファラオとその家来たちに嫌がれてしまった。我々を殺す剣を彼らの手に渡したのと同じです」と文句を言いました。

彼らはモーセと和解したにもかかわらず、ここでまた激しく反論し抗議しています。それは何度もくり返し出てくるイスラエルの不信を表す出来事でした。イスラエルの民は何度も何度もモーセに抗議して、自分たちはエジプトに帰ると言って呟いたのです。

出エジプト記五章二二－六章一節

（わたしは、主である）

モーセは主のもとに帰って、訴えた。

「わが主よ。あなたはなぜ、この民に災いをくだされるのですか。わたしを遣わされたのは、一体なぜですか。わたしがあなたの御名によって語るため、ファラオのもとに行ってから、彼はますますこの民を苦しめています。それなのに、あなたは御自分の民を全く救い出そうとされません。」

主はモーセに言われた。

「今や、あなたは、わたしがファラオにすることを見るであろう。わたしの強い手によって、ファラオはついに彼らを去らせる。わたしの強い手によって、ついに彼らを国から追い出すようになる。」

モーセはイスラエルの民の抗議を聞いて、一人で神の前に立って訴えました。そこにアロンはいません。モーセは一人で主の前に立って、「わたしを遣わされたのは、一体なぜですか」と訴えています。それは彼の召しの原点に立ち帰っての訴えでした。

モーセとアロンがファラオの前に出て、三日間荒れ野に出て、主の犠牲をささげさせてくださいと訴えると、彼は冷たく拒否しています。彼はこれまでイスラエルの民にピトムとラメセスの建設を課し、重労働を命じて、過酷なまでも虐待しました。そして男の子が生まれればナイル川に沈めて皆殺すという恐ろしい命令を下しました。ところが、今度はモーセとアロンがファラオの間に出ると、彼はレンガを作るための「わらを与えるな」と言って、その虐待はますます過酷になったのです。そのためイスラエル人の下役たちは、モーセとアロンに、お前たちのお陰で我々はひどく虐待されていると言って、激しく抗議しています。

モーセは一人で主の前に出て、「わが主よ、あなたはなぜ、この民に災いをくだされるのですか」と言い、また「わたしがあなたの御名によって語るため、ファラオのもとへ行ってから、彼はますますこの民を苦しめています。それなのに、あなたは御自分の民を全く救い出そうとされません」と訴えています。彼は主が何のために召され、エジプトに遣わされてファラオの前に立たされたのか、全くわからなかったのです。

民数記一一章一〇節以下でも、モーセは「わたし一人では、とてもこの民のすべてを負うことはできません」と神に訴えています。しかし、主はモーセに、「今や、あなたは、わたしがファラオにすることを見るであろう」と言われました。それは「わたしの強い手によって、ついに彼らを国から追い出すようになる」と言われたのであります。

それはモーセの手によってではなく、主が「強い手をもって」、イスラエルの民をエジプトを去らせ、約束の地に導くと言われたのです。出エジプトの大きな業は、人間の手の働きによるのではなく、「わたしは主である」と言われた神の大きな御手によって成し遂げられるのであります。主が「力ある御手と御腕を伸ばし」て、わたしたちを導き出し、乳と蜜の流れるこの土地をお与えになったのです（申命二六・八−九）。これはイスラエルの信仰告白の言葉であります。

参考書

T・E・フレットハイム著、小友聡訳『出エジプト記』（現代聖書注解）日本基督教団出版局
C・ホウトマン著、片野安久利訳『出エジプト記〈1〉』（コンパクト聖書注解）教文館
H・L・エリソン著、加藤明子訳『出エジプト記』（デイリー・スタディー・バイブル）新教出版社

Ⅱ　小川武満先生とその時代（非戦平和と無医村医療開拓伝道の闘士）

小川武満先生とその時代

（非戦平和と無医村医療開拓伝道の闘士）

誕生

小川武満先生は、一九一三（大正二）年に中国の旅順で生まれました。先生は満州の「満」をとって、「武」が満ちる意味の「武満」と名づけられました。先生は軍国少年として育てられたのです。父は奉天（現瀋陽）の赤十字病院の院長でした。

満州にはロシア革命で追放された白系ロシア人が多く流れ込んでいました。赤十字病院の前には日露戦争記念碑が建っていました。腕白盛りの先生は、この広場で中国人の物乞いや白系ロシア人のホームレスの子どもたちと子犬のように戯れあったと言います。

満州は馬賊が横行していました。関東軍によって爆殺された張作霖はもとは馬賊で、ロシア人に利用されていましたが、日本軍の捕虜となり、日本軍に協力するに至ったのです。

一九二一年に二年間、父は欧米留学を命ぜられ、母の実家のある仙台に移住しました。奉天の赤十字病院の立派なレンガ造りの官舎で、ペチカの暖房のある二重窓の部屋で暮らしていましたが、仙台の百軒長屋はランプと炬燵だけの生活でした。洋服を着て学校に行ったら、皆は着物でした。先生は満州で特権階級の贅沢な暮らしをしていたのです。

一九二三年、父の帰国を待って、また奉天の生活に戻りました。

中学生になると剣道が正課となり、軍事訓練も行われました。軍事訓練ではまず忠霊塔に参拝し、捧げ銃をしました。天皇のために戦って死ぬことを誇りとする精神訓練も徹底していました。先生は剣道が好きで、得意の業は「もろ手突き」でした。

また先生は、シベリヤと日本を往来する渡り鳥の研究に夢中になり、百十種類の小鳥たちをカスミ網で捕らえて日記を造り、はく製も造りました。日本の鳥類専門誌にその記録を発表すると、満州の小鳥の専門家であると思われていました。

先生は民衆の中に、民衆と共に、みんなを兄弟として、手を握り合っていく世界を、満州に造りたいと思いました。しかし、現実は血なまぐさく、中学三年生のとき、張作霖は関東軍参謀河本大作大佐によって爆殺されました。

満州医科大学予科に入学

一九三一年に満州医科大学予科に入学しました。また皇室中心の愛国倫理運動の希望社にも加わりました。ところが、一九三一年九月十八日に満州事変が起こりました。

先生は日本人街の守備のために銃をもって歩哨線に立ちました。その遺書に「私は今、在満日本人のため、また東洋の平和を願い、世界の平和を愛するため、微力ながら銃を取って立つことになりました。もちろん、私は喜んで死ぬつもりです。私の死を知ったら、どうか喜んで下さい。決して私は無駄に死んだのではないのですから」と書きました。

中国人学生の部屋の窓には青天白日旗が張られていました。満州事変は次ぎ次ぎと反満抗日分子を生み出し、中国民衆の敵意と憎悪とを巻き起こしたのです。満州事変は明らかに関東軍の陰謀であり、中国の主権を犯した侵略行為でした。先生は自分が書いた遺書に深刻な疑問を投げかけています。日本軍の武力を背景にして、満州に流れ込んで来た日本人たちの横暴ぶりは、満州で中国人を友人として育った先生には耐えられなかったのです。

受洗

当時、林三喜雄という若い日本基督教会の牧師が奉天に来ていました。先生は「理想と現実の矛盾をどう克服したらよいか」という人生問題をもって林牧師を訪ねました。林牧師は人間の罪とキリストによる贖罪について話してくれました。先生は五族協和を追求し、人道主義的な在り方を求めていたので、林牧師の言葉をよく理解できませんでした。

ところが、林牧師に反対していた先生が、「洗礼を受けたい」と申し出たとき、林牧師は「それは君の主観的な一時的感情だから、もっとちゃんと準備をして、諮問会の質問に答え、信仰告白をしてからでないと教会は受け入れることはできない」と言われました。

そして小川武満先生は、一九三二年のクリスマスに受洗しました。それは日本が国連を脱退し、「満州国」になった年のことでした。しかし、この受洗には多少無理がありました。思想的には神道的なもの、右翼的なものが、まだ整理されないまま残っていたのです。

先生は林牧師の説教を毎週ノートに取り、一所懸命に聞いたつもりでした。洗礼を受けた以上、理想的なクリスチャンになろうとしました。そして祈祷会にも朝礼拝にも、夕礼拝にも欠かさず出席しました。ところが一年も経つと疲れてしまいました。クリスチャンといっても、中にはルーズな信徒がいたり、長老といってもさっぱり教会に出て来なかったりで、そちらの方に目がいくようになりました。そういう思いから解放されたいという気持ちで、神からの脱走を図ろうとして、曽洞宗のお寺で本式に座禅を組んだのです。

奉天の禅寺には天然老師という高僧がいました。その高僧のもとで禅に打ち込みました。頭で理解したつもりの禅を体で体得しようと、まじめに修行三昧の日々を送りました。

そして高僧の禅問答にパスしました。高僧から、「悟った動じない思いをもって仏の道に進みなさい。物にとらわれない境地をもって、それに生きなさい」と勧められたとき、急に聖書の言葉が迫ってきました。空の境地で聖書の言葉に立ち帰ろうと思ったのです。

教会に帰ったとき、ちょうど聖餐式がありました。自らを顧みて、聖餐に与る資格がないのではないかと躊躇していると、三度拒んだペテロにイエスが「なお愛するか」と言われた聖書の箇所が浮かんできました。こんな自分のために肉を裂き、血を流してくださったキリストの御臨在を感じ、聖餐は実に恵みの聖典であることを実感したのです。そして涙ながらに聖餐にあずかったのです。

クリスティの『奉天三十年』を読む

その頃、先生はクリスティの『奉天三十年』を読みました。クリスティは英国の医療伝道者で、奉天に診療所を開き、非常な困難を乗り越えて伝道した人でした。これは後に、東大の教授を追われた矢内原忠雄が失意の中で翻訳した書物でした。矢内原忠雄は組織をもった教会は必ず国家に妥協すると言いました。当時の日本基督教会は国家からの独立して国家の手先にならないことを誇りにしていましたが、果たして教会は国家の手先にならなかったでしょうか。

満州医科大学を中退し、東京日本神学校に編入学

洗礼を受けてから三年が経ち、先生は一九三五年十二月満州医科大学を中退して、東京の日本神学校予科三年に編入しました。父に「神学校に行きたい」と話したら、「満州医科大学を卒業してから、その道に行ったらいい」と反対されました。そこで家出を決心して、「わたしよりも父母兄弟を愛する者は、わたしにふさわしくない」と書き置きをして、本棚だけをもって日本神学校の寮に入りました。それから間もなくして、父から電報が来て、「そこまで決心

したのなら許す」とあり、必要な学費を出してくれました。

翌一九三六年の二月二十六日、雪の日の朝、神学校の寮で二・二六事件を知りました。

天皇のために立った将校たちが、天皇の命令で銃殺されたのです。先生は天皇制の矛盾と残酷さを感じました。そして一九三七年の七月七日、盧溝橋事件が起こり、日中全面戦争に突入しました。その冬に起こった南京事件は日本軍による残酷な殺戮、略奪、婦女暴行事件であり、これは外国人により世界に報道されました。日本は狂喜して赤提灯をもって祝いました。ある南柏教会の会員の一人は、南京で一人の中国人を殺したことを涙ながらに告白して、毎年南京に行って謝罪していました。

満州医科大学に再入学

一九三九年、先生は日本神学校を卒業し、医療伝道者になるために満州医科大学本科二年に再入学しました。同年五月には日ソ両軍の激突がノモンハンで起こりました。日本は完敗し、その責任者の多くは憲兵監視のもと自決させられました。

満州医科大学微生物教室の主任教授は七三一部隊の北野政次大佐でした。彼は生きた人間である中国人を捕らえて、発疹チフスの人体実験を行い、生体解剖を行って人間の組織標本を造って学位論文を発表していました。先生は教室でその教授の講義を聞いたのです。

福山部隊に一兵卒として入隊

一九四一年十二月八日に、日本は太平洋戦争に突入しました。日本は真珠湾を攻撃をし、始めは破竹の勢いでしたが、ミッドウェイの海戦に惨敗し、マガルカナルの戦いで山本五十六は戦死しました。そしてアッツ島の玉砕、サイパンの玉砕、広島・長崎に原爆を投下され、多くの犠牲者を出して、悲惨な敗戦を喫したのです。

先生は太平洋戦争が始まって、満州医科大学を繰り上げ卒業し、翌年現役の軍医中尉を志願することを拒否して、福山六三部隊に一兵卒として入隊しました。

それは一九三三年の熊野義孝著『終末論と歴史哲学』にある「万一国家が罪悪を犯す場合、教会はその苦難を誰よりも多く味わうことによって、国家的正義の回復に奉仕する。かようにして、教会はこの世界における創造の秩序の担当者でなければならない」と記さたことによる決断でした。軍隊組織の最下級の初年兵として生きる兵卒の苦悩を経験した先生は、天皇の軍隊の矛盾を骨の髄まで知らされました。初年兵は歯を食いしばり、両足を踏ん張って、古年兵に殴られる血と汗と涙の日々でした。敵前上陸演習は重い完全軍装を身に着け、徹夜の行軍と炎天下の戦闘訓練で、弱い兵隊はバタバタと倒れ、熱射病で死ぬ者も出ました。訓練を終えた兵隊は南方に輸送され、現地の人々に対して命令のままに人を殺す凶悪な「加害者」となったのです。

石家庄陸軍病院の軍医

満州に育ち、中国医療伝道を志した先生は、やがて衛生部見習士官となり、一九四三年三月、北支部の石家庄陸軍病院に見習い士官として配属されました。石家庄は三光作戦の中心地でした。三光作戦は「殺し尽くす」「奪い尽くす」「焼き尽くす」ことを意味していました。日本軍は中国民衆の敵として村落を焼き、住民を皆殺しにし、食料を奪い尽くす残虐な作戦を進めたのです。日本基督教会のある信徒は、「わたしは中国人を女性も子どもも老人も皆、銃を撃ちまくって殺した」と、涙ながらに告白しています。

先生は石家庄陸軍病院で、発狂し、戦争ヒステリー状態に陥り、自律神経失調症に陥る多くの患者に出会ったのです。嘔吐と下痢で何も受けつけず、ミイラのようになって死んでいく者、てんかん、喘息、発熱をくり返す者が多発しました。戦争による異常なストレスが人間の精神と肉体を破滅し尽くすのです。また退院を命ぜられた兵士が、病院の便所で銃剣で喉から胸を突き通して自決した時の衝撃は決して忘れられません。

先生は戦病死者たちの悲惨な姿や声に戦争の現実を知りました。戦争がどんなに多くの若者たちの心と体を苦しめ、傷つけ、死に追いやったかを知りました。戦争は決してほめたたえる偉業ではない、絶対にくり返してはならないと痛感しました。

このような耐えがたい地獄のような苦しみの中で、先生の唯一の慰めは教会でした。先生は石家庄で初めて中国人の教会を訪ねたいと思い、北欧系のミッションが開いていたペンテコステ派の教会に出席しました。その集会では、初代教会さながらに説教があり、異言を語り、癒しの業が行われていました。またある時は、日本軍に町を焼かれて逃げて来て、列をなしている難民たちに粟のおかゆを配っていました。ここで現実に病んでいる人たちや飢えている人たちを世話をしたり、食べさせている教会の姿を見ました。教会はここで原点に帰ることが大切だということを教えられました。日本人がそういう難民をつくっているという罪責と、冷たい視線を感じながら、みんなと一緒に詩編二三編を歌ううちに、兄弟のような交わりをもつことができたのです。

北京第一陸軍病院の軍医として

一九四三年十月から敗戦まで、先生は北京第一陸軍病院の軍医として戦争神経症の重症患者の診察にあたると同時に、北京陸軍監獄の軍医の兼務を命ぜられました。

先生はこの陸軍監獄で、軍医として悲惨な最後に立ち会いました。憲兵が目の前で銃殺した血に染まった兵士の脈を取り、心音を聞いて死を確認したのです。死刑囚に穴を掘らせ、その前に座らせ、多くの場合に憲兵が斬首しました。そのうちの一人は、首を切り損ねて穴に落ち、穴の底から「日本鬼子」と絶叫する声が聞こえました。軍医である先生は死を確認するために、血だらけになった穴の底に降りて行ったのです。正しく地獄に降りて行く苦悩でした。先生は絶望のどん底から初めて人に救いの喜びを告げる牧師が何たることかと苦悶しました。先生は絶望のどん底から初めてゴルゴダの十字架上の主を仰いだのです。

敗戦

一九四五年八月十五日、先生は北京第一陸軍病院で敗戦を迎えました。「今までは死ねと命じたが、これからは生きよと命じる」という部隊長の言葉に、先生は激しい怒りを覚えました。敗戦までどんなに多くの住民や将兵たちが自決したことか。これらの死者たちは「生きよ」と命じても生き帰らないのです。先生は激しい怒りをもって非戦と平和のために生き抜く決意をして、北京第一陸軍病院軍医中尉として現地除隊をしました。

満州で戦争中に行われた日本軍の残虐行為は数限りがありません。中国民衆のこれに対する怒りや憎しみは当然であります。「日本鬼子は皆殺しにせよ」と叫ぶのも無理はないのです。北支憲兵隊の西村少佐はその善良な人柄のゆえに、軍事法廷で無罪判決が下りましたが、北京の新聞は日本の憲兵隊の幹部将校を無罪にした判決を非難し、西村は再収容され、審議の結果死刑が確定しました。彼は愛する妻を戦犯処刑者の妻とするに忍びないと言って離婚の手続きを取りました。

また北支戦犯最大級の人物白鳥は、北京・天津の数百万の住民の生活燃料である無煙石炭の管理人として、多数の中国人労務者を酷使し、非協力者は捕らえて死罪とした悪名高い男でした。「その真ん中に倒れている白鳥の血まみれの死体が見えた。民衆の代表者らしい一人が紙を広げ、大声で白鳥の罪状を読み上げた。罪状ごとに一人ずつ棒で白鳥の死体を打つ。何回読み上げ、何人が棒で打ったか。中国民衆の根深い怨念に、わたしたち一人一人は厳粛な罪責に打ちたたかれる思いがした」。

北京戦犯拘留所において、先生が診察していた三人の戦犯死刑囚の高具勝、高橋久雄、黒沢喜隆の遺書には、「銃殺刑を前に遠く祖国の皆さんに訴う。靖国は侵略戦争を反省し、各国にお詫びする神社にしてください。『英霊』『勲章』は拒否します。戦争で日本軍は大変悪いことをしました。わたしたちに殺された中国人遺族の皆様に申し訳ない。『聖戦』ではなく侵略であります。天皇陛下も各国にお詫びしてください。お詫びは恥ではなく、日本人の良心です。祖国日本の平和と良心は民族の反省なくしては得られません。私たちは日本軍の罪を背負って銃殺されます」と記されていました。

中国人に対する医療伝道

先生は北京大橋の貧民街にあるキリスト教関係のセツルメント（無料診療所）「愛隣館」で、中国民衆のための医療伝道を始めました。やがて愛隣館の建物は接収されたので、日僑自治会の医師となり、北京の監獄や留置所に捕らわれている人々の治療にあたりました。

敗戦を迎えた日本人の多くが、米軍船舶多数の協力を得て帰国できるようになりました。問題は戦犯容疑者として投獄されたり、奥地から困難な状況で出てくるのが遅れた日本人の世話や輸送作業を誰が行うかでありました。その使命を日本連絡班が果たしました。

右翼の大物笠木良明の愛弟子として、日本連絡班の嘱託となった園田新平が、小川武満先生を連絡班の医師として招く際に、次のように記しています。

「ついに救世主が現れた。それも三人そろってだ。内科の小川武満夫妻と眼科の中川昌輝医師の三人がうちそろって自治会に現れた。三人ともクリスチャンで、現在天僑の難民区にセッツルメント（無料診療所）をもち、医療奉仕をしている。小川さんは満州医大、と東京の神学校を卒業し、軍医として北京陸軍病院に勤務、終戦で現地除隊。

星子夫人は、その御両親が二人ともアメリカのオベリン大学卒業の同級生で、『朝陽門外の聖人』と日中両国人から尊敬を集めていた清水安三氏の一人娘である。星子夫人は朝陽門外で貧しい中国人の子女を集めて、無料で手芸を教え、生活の資を得る方法手段を与えていたお方である。中川昌輝氏は専門が眼科ゆえ、帰国を決めるまで、当分の間お手伝いをしますと言われる。私は黙って三人の手を握るだけしかなかった。何も言うことはない。嬉しいだけだ」。

その頃、先生は星子さんと結婚されたのです。

そして先生は一九四八年十二月佐世保港に帰ってきました。

戦死した二人の弟

四朗戦死の公報は、一九四六年三月二十五日、「昭和二十（一九四五）年、午後八時三〇分比島マウンテン特別州キャンプ30において死亡せられたる旨」の通達がありました。月日の記述はありませんでした。「四郎の復帰帰国を一日千秋の思いで待っていた父母の悲しみは筆舌に尽くしがたい。母は黙然と暗涙を催すのみであった」。

勇三は早稲田大学に卒業後、東横に就職し、砂田直子と結婚したが、結婚後二か月で入営し、満州に転勤して少尉になりました。しかし、肺結核に腰椎カリエスを併発して牡丹江病院に入院し、一九四五年八月一日に死亡しました。

「父母は直子さんの再婚を願ったが、直子さんは勇三の思い出を胸に抱き続けてか、今も独身で福祉事業に献身している」。当時大阪赤十字病院長であった父は、その悲しみを対のように歌っています。

「帰る日を待つ甲斐なく空しくも、満州の原に散りしいとし児」。
「先立ちし我が生みの児も惜しむけれど、後に残りし嫁ぞいたわし」。

大阪北教会に赴任

日本に帰って来た先生は、日本基督教会大阪北教会の復興のために一九四九年八月七日から一九五三年五月三十一日まで約四年間、星子夫人と共に奉仕しました。

その間同志社大学で教義学と倫理学を勉強し直しました。また、関西の日本神学校でボンヘッファーの倫理学を教科書としてキリスト教倫理学を教えました。日本神学校は当時関東と関西にあり、関西では住吉教会を教室として使用していました。

そして一九五一年四月二十二日に、大阪北教会は臨時総会をもち、日本基督教団を離脱し、新しい教会を結成することを満場一致で可決したのです。教団離脱の唯一の理由は信仰告白の問題でした。それは宗教改革以来の信仰告白の伝統に立つこと、歴史的信条の固定化には反対すること、現代に語りたもう活ける神のみ言葉に立ち、新たなる信仰を告白することでした。また改革教会の伝統に立ち、絶えずみ言葉によって改革され続けていく告白教会として出発することを願ったのです。

そして一九五一年五月二十三日に、新しい日本基督教会の創立大会が大森教会で開催され、三十九教会が集まり、他の教会に挨拶状を送りました。「我らが教団を離脱したのは、自己の使命と信じるところに忠実ならんとする信仰的良心に促されてであります。従って、他教会の伝統や信仰的立場を尊重し、出来る限り友好的でありたいと希望しております。新教会結成にあたり、ご報告と共にご挨拶申し上げます」。

そして一九五三年十月に行われた第三回大会において、日本基督教会の新しい信仰告白が制定されました。「旧日本基督教会があのような優れた信仰告白を持ちながら、今日の如き四分五裂の状態に陥ったのは、日本基督教会全体が信仰告白を告白するというそのことに欠けがあったからと思われます」。

大信仰問答草案の作成

一九五五年五月十一十二日、伊豆の天城山荘において第一回教職修養会が行われました。小川武満先生は新しい信仰問答草案作成のために、その委員の一人として、その全存在をかけてあらゆる書物を読み、熟考を重ねて発題しました。その読書力には驚かされます。

特に先生は熊野義孝著『終末論と歴史哲学』に対して「終末論と歴史的秩序」と題して発題を行いました。熊野義孝先生の書物は、小川武満先生が太平洋戦争が始まって敵前上陸部隊である福山西部六三部隊に一兵卒として入隊するきっかけとなった書物でした。

しかし、この書物が出版された一九三三年は、正に日本の思想弾圧が顕著になった時代でした。満州国の建設も大東亜共栄圏の新秩序建設も、その指導原理はすべて天皇制国家秩序の確立をめざしていました。先生は日本が無謀な戦争によって原爆を受けて敗北し、多くの若者を無残な死に追いやった「被害者」であるだけでなく、また「加害者」としてアジア諸国の二千万人以上もの多くの人々を死に追いやった狂乱の戦争に対して、日本基督教会の反省と悔い改めを迫るものでした。また政教分離の原則は、教会が国家の戦争に協力し、それに無力にも「仕える」という重大な罪を犯したことを訴えました。

先生はカール・バルトの「世界の終末を信じるのは歴史の結末をつけることでなく、終末において今日の歴史を語ることでなければならない」を引用して、終末論は必然的に歴史的秩序との関連において論究されるべきであると言っています。そして国家秩序に対して単に服従するだけでなく、その限界を明示し、国家に対する教会の「抵抗権」「拒否権」を主張しています。ここで「キリストが世界と宇宙の主である」という信仰告白に立ち、「日本基督教会は現実の国家秩序に対してキリストの主権に明確に立つ教会であろうか」と訴えています。

「バルメン宣言」の第一項で、「イエス・キリストは我々に対し、聖書において証言されている如く、我々が聞いて、生と死において信頼し、従わなければならない唯一の神の言である。教会は、その宣教の源として、この唯一の神の言以外に、またそれと並んで、その他の出来事や権力、現象や真理を、神の啓示として承認することができるとか、承認しなければならないとかいう誤った教えをわれわれは拒否する」と明言しています。

「キリストにおける神の啓示とは別に、自然の歴史の中に、即ちドイツ民族の血と民族と土において、更に国家社会主義革命やドイツ民族の精神の再生の中に、自然的啓示があるということを拒否した」のです。

しかし、小川武満先生の主張は、改革派系の神学思想をもっていた牧師が、「ウェストミンスター信仰告白では、国家のことには関しては慎み深くなければならない」と言い、「正しい戦争もあり得る」と言って、これに反対して、受け入れなかったのです。

しかし、ベトナム戦争の惨禍と泥沼の中に方向を見失って敗北したアメリカ合衆国の北長老教会は、敗北の暗黒の中から一九六七年の信仰告白において、バルメン宣言に賛成して、次のように告白しました。「諸国間の和解の必要は特に高まっている。それは諸国間が核兵器、化学兵器、および生物学的兵器を開発し、その人的力と人的資源を建設的に使用することから転じて、人類絶滅の危険を犯そうとしているからである。たとえ諸国家が歴史の中で、神の目的に仕えると言い、教会がどこかの国の主権やある人生の生き方を、神の主権と一致するものだと見なすとき、その教会はキリストの主権を否定し、教会が受けているその召命に背くものである」と言っています。

カール・バルトは、これでは西と東が激しいイデオロギー的対立を続け、反共のために戦争を辞さないという相互に軍事的対立を強めていく中に立って、鋭い警告の叫びをあげました。「我等の緊急事は、まず何と言っても、剣を捨てよ、である。この火中に、これ以上の油を捨てるべからずである。この上、さらに罵倒のやり取りを続け、とどのつまりは、もう一度戦争を問うことにしか落ち着かぬとあっては、これでは何一つ改善されず、いかなる人も救われることなく、いかなる問題も解決されることにならない、道は結局のところ第三の道でしかありえない」と言っています。

無医村医療開拓伝道を開始

小川武満先生は農村無医地区の医療伝道に取り組むことが与えられた使命であると確信し、大阪北教会を辞して、神川県田名で医療伝道を開始しました。そこは相模川流域の水郷田名とよばれる地域で、渡し船で対岸に渡ると葉山島があり、貧しい農村で無医村でした。一九五三年六月五日に、わたしは田名の二階屋（六畳二間）お借りして、最小限度の医療設備と薬品を用意し、小川医院として開業しました。そして日曜日には休診し、そこで日曜学校と礼拝を行いました。そこで先生は希望をもって、新しい無医村医療伝道に出発したのです。

日記抄――幸子

「一九五三年六月五日。田名での診療第一日、わたしたちの生涯にとって特筆すべき日なり。

よどみなく流れる相模川、そして連なる山々、春秋に勇み立つ人々、なんと素晴らしい風景なのだろう。だが私たちが与えられた診療室とすべき所はまるで塵垢溜の様だ。六畳敷の二階である。ここで診療ができるのだろうか。たまらない環境である。勢いよく飛び込んできたものの幻滅感で胸が押しつぶされそうになった。だがこれが神の御心なのだろう。この田名に導かれたのも、すべてが。沈みがちな心に鞭打って、最善を尽くすべく手綱を引き締めた」。

一九五三年九月二十七日に「田名伝道所」として中会で承認されました。近くに歯科の出張診療があり、そこに移転して本格的な医療活動を始めました。更に向かいにあった老朽化した風呂屋の廃屋を改築し、田名伝道所の礼拝と日曜学校、季節託児所を開く準備を始めました。ちょうどその頃、上溝に倒産したパン工場があると聞き、将来の相模原伝道の中心地として、これを確保しようと全国の教会に「田名便り」を発行して呼びかけました。

そして国民金融公庫、医師信用組合、有志からの融資に、診療所からのわずかな収入を加えて、上溝の教会堂と田名伝道所の家屋購入と修築を完了することができました。

田名便りに、「皆様の熱い祈りによって、与えられた待望の上溝教会は、二月第一日曜日聖日礼拝を守ることができるようになりました。C・Sも良好で平均九〇名から一〇〇名となって狭い会堂に入りきれず、幼児礼拝、小学生礼拝、中学生礼拝と分け、大人は日曜礼拝以外に、金曜に求道者会を行っています」とあります。また田名伝道所も夕礼拝、水曜日の祈禱会、木曜日の中学生礼拝を行っています。

そして一九五六年六月三十日に、「上溝伝道教会建設式」が行われました。

しかし、先生は無医村医療開拓伝道に仕えることを志して、大阪北教会を辞任した使命は何であったのかをもう一度心を新たにして、神の御前に根本から問い直す決断の時がきたことを知りました。開拓伝道の対象として最も困難な状況にあった葉山島は、相模川対岸にあって、電話もなく、バスも自動車もない陸の孤島で、相模川の増水や嵐の時には、渡し舟もなくなり、急病人は死を待つばかりの辺地でした。水郷田名から渡し舟で渡り、往診カバンを自転車に付けて狭い山道を息を切らせながら患者の農家に往診した思い出深い場所でした。しかし、そこは中国育ちの先生にとって、全く夢のような理想郷だったのです。無医村医療開拓伝道の基地として用いられる聖地のように思われました。

葉山島紅葉山の山林約三〇〇〇坪は、ワークキャンプで青年の家を建築する計画がもちあがりました。山林には若い牧師や青年たちで、ブロックを運びあげ、井戸を掘り、約三年間の労苦を共にし、都会の青年と農村の青年が協力して汗を流し、交わりを深めながら、青年の家を完成した喜びは忘れられません。

一九六一年にはこの山林に「ベタニヤ山荘」を作り、葉山島伝道の拠点としました。

妻星子と離婚

「一九六一年清水安三の長女であった星子は、わたしの妻であったが、水郷田名から毎日バスで桜美林大学に通い、安三氏の後継者になるためにアメリカに留学することになった。二人とも与えられたそれぞれの働きに多忙であったため、お互いを顧みることなく、妻もそんな生活に見切りをつけて、アメリカに渡ったと思われた。やがて妻から『アメリカ人と結婚したいから是非離婚してもらいたい。一人娘の真理子の親権は自分がアメリカで育てるから自分のものにしたい』との手紙がきた。北京日本連絡班の労苦、戦時中、焼夷弾で廃墟と化した大阪北教会の復興のために牧師婦人として尽力した妻星子との離別には苦慮した。しかし、北京で生まれ育った星子にとって、日本の貧困な農村開拓医療伝道の労苦を共にすることは耐えがたかったに違いない。わたしの恩師である林牧師、栗原牧師にも相談したが、『これ以上無理は出来ないだろう』と言われ、わたしは妻星子と離別した」。

峯吉川国保診療所の僻地伝道

一九六三年一月三十一日、栗原牧師司式のもと林牧師も立ち合って、幸子と結婚式をあげました。そして七月一日、上溝伝道教会主任牧師を辞し、深い悔い改めの祈りのうちに、無任所教師となって、初心に帰って東北地方にある無医地区を巡り歩きました。

約二年間の短期間でしたが、秋田県峯吉川国保診療所の僻地伝道の体験は忘れがたいものでした。先生は国保伝道所を無料で借用し、村からは一切給料をもらわず、看護婦の資格のある妻と共に診療を開始しました。

峯吉川点描　幸子

来る日も来る日も雪が降るという村人の言葉に忍従のひびきあり
吹雪く中礼拝に急ぐ我等の靴跡間もなくかき消されむとす
この田より米一粒もとれまいと農夫虚空にぼそと呟く
大粒の涙目尻をつたひ落ち臨終の農夫瞼開かず

葉山島無医村医療開拓伝道

「無医村医療開拓伝道の課題は、一教派の加害ではなく日本のすべての教派の共通の困難な課題であるとともに、全アジアの連帯のために最も重要な具体的問題である。そしてこの課題実現のために最も必要な神学は、バルメン宣言に基づく全被造物に仕えるディアコニア神学の確立であり、その実践である。そのためには、神がこの葉山に与えて下さったすべての土地を活用し、主と隣人に仕える、あらゆる隠された人物が協力してディアコニア学園を設立してディアコーンを養成し、農村伝道に献身するために必要なディアコニア神学校を確立することである」。それは膨大な展望でした。しかし、先生はこれに向かって、その残る人生のすべてを捧げたのです。

一九六六年七月三十一日、先生ご夫妻は葉山島ベタニア山荘に帰ってきました。

そして翌年に「恵泉伝道所」の開設が認められました。そして農村伝道にあたっては、信者の葬儀とともに、納骨堂の整備が必要なため、納骨堂付属の仮会堂の建築が進められました。こうして一九六八年十一月二十四日、「恵泉伝道所献堂式」が行われ、無医村医療開拓伝道を志して十五年を経て、この葉山島の山村に教会堂と診療所が与えらたのです。

一九六九年五月十四日、初めての受洗者が与えられました。

一九八四年一月二十九日臨時総会で伝道教会設立を決議し、一九八四年五月二十日「恵泉伝道教会建設式」が行われました。

キリスト者遺族の会発足

一九六九年二月十九日、東京告白教会で、靖国法案反対運動の展開上、キリスト者遺族の態度表明が不可欠であることに意見が一致し、遺児である吉馴明子さんが組織結成の任にあたることになりました。そして六月十三日に東京告白教会で行われた第一回総会で、正式に「キリスト者遺族の会」を発足しました。先生はその実行委員長になったのです。

その使命は、第一に戦争責任を追及する遺族運動、第二に靖国神社国営化に反対する遺族運動、第三にキリストの王権に仕える遺族運動であることを強調しました。

そして戦争を偉業とし、戦死者を英霊ということを拒否しています。

またその戦争は、単に被害者としてだけでなく、アジア諸国民に二千万人以上もの死者をもたらした「加害者」としての責任を追及しました。

そして一九八六年七月七日、中曽根首相の靖国参拝に抗議して、「平和遺族会全国連絡会」を結成し、その代表に先生が選ばれました。その結成文に「わたしたちの肉親を奪ったあの戦争は、アジアの国々の平和を脅かし、民衆の生活を破壊し、二千万人を上回る人民の生命を奪った侵略戦争だったのです。わたしたちは二度とアジアの人々を敵視し、平然と何の罪もない民衆を殺すようなことをしてはならないと思います」とあります。

そして平和遺族会全国連絡会四周年を迎えた一九九〇年七月七日に、「全世界につながる何億という戦争犠牲者、遺族たちと手を結んで、共に力強く前進しようではないか」と訴えています。先生の訴えは全世界の遺族を一つに結集することにあったのです。

わたしは、先生がゼッケンをつけて靖国神社の境内に座り込んだこと、また靖国神社に公式参拝する中曽根首相の前に両手を広げて立ちふさがったこと、またテレビで戦争反対を絶叫する姿を、忘れることはできません。

平和願ふ思いは誰にも劣らじと　自負して立てる夫の顔きびしく　　幸子

幸子「あとがき」より

「一九五一年のクリスマスに大阪北教会で私は洗礼を受けた。記念にいただいた聖句が、『おおよそ事忍び、おほよそ事信じ、おおよそ事望み、おほよそ事耐ふるなり』（コリント前書一三章七節）であった。

この聖言に捕らえられ、今日まで歩み続ける結果になろうとは少しも考えなかった。

軍国少女として徹底した教育を受け、天皇のために女であっても死ぬことを教えられていた。白衣の天使にあこがれていたので、赤十字看護婦になる道を選んだ。

一九四五年五月、戦後救護班編成要因として召集令状を受け取り、野戦海軍病院に派遣された。まもなく敗戦を迎えるとは少しも考えず、次々に戦地より送られてくる傷病兵を迎えるのに必死であった。いざとなれば、「神風は必ず吹く」と信じていたので、ただひたすらに働いた。招集解除になったのは一九四六年十一月のことであった。

敗戦の虚脱状態から立ち上がらなければ、と思い友人に誘われるまま、一九四七年一月、大阪大学付属微生物研究所病院に勤務した。そのことがキリスト教との出合いにつながったのである。一九五三年七月、無医地区農村医療伝道のヘルパーとしての歩みを始めた。

そして初めてお金がどんなに必要なものか、借金返しがどんなに大変なものか、ということを知り、聖言に慰められ、励まされつつも、押しつぶされそうになった。そしていつ逃げだそうかとしばしば考えた。このような時、いつも脳裡をよぎるのはコリント前書一三章七節の言葉だったのである。」

小川武満先生は九十歳で、その生涯を閉じました。
「わたしは中国で銃殺されるべきであった」。

参考書

小川武満著『地鳴り――非戦平和の人生82年』キリスト新聞社、一九九五年

恵泉伝道教会

真清水の流るるほとり
主の群れに集う小さき伝道所あり
——幸子

Ⅲ　奉天の教会（林三喜雄牧師）の跡を訪ねて

奉天の教会（林三喜雄牧師）の跡を訪ねて

わたしが小川武満先生たちと共に「旧満州の教会を訪ねる旅」をしたのは、一九八九年六月四日の天安門事件の直後のことでした。中国旅行自粛の中、参加者十二人で、瀋陽（奉天）、長春（新京）、大連の教会を訪ねました。中国旅行社は動乱後の初めての大型旅行団として大歓迎してくれました。

まず奉天（瀋陽）を訪ねました。そこは林三喜雄先生が牧師をしておられた「奉天教会」があったところです。竹森満佐一先生や小川武満先生はその教会員でした。しかし、奉天教会の跡はいくら探しても見当たりませんでした。

林三喜雄牧師は戦後教団の指路教会を離脱して横浜長老教会を建て、新日本基督教会を建設した重要な創設者の一人でした。もっとも植村環先生は、林三喜雄牧師が指路教会を分裂させ、新しい教会の名に「横浜長老教会」としたことに批判的でした。もし父が生きていたら教会の名に「長老」を付けたことを厳しく批判したであろうと言われました。

わたしが林三喜雄牧師に初めて親しくお会いしたのは、横浜長老教会の家庭集会が南柏の戸村宅で行われていた時のことでした。わたしが南柏で開拓伝道を始めたいと告げると、林三喜雄牧師は大変喜ばれ、南柏の開拓伝道のために祈ってくださいました。戸村一家は忠実に南柏の開拓伝道に仕え、今日の南柏教会の基礎を築いた方々でした。

一九七二年の南柏伝道所を開設後、林三喜雄牧師を南柏伝道所の伝道礼拝に講師として迎え、日本基督教会の「自主独立」について講演をしていただきました。

林三喜雄先生は、お父様が二度も三島教会の牧師をされ、三喜雄先生自身も教師試補として三島教会に仕えておられました。おそらくその後満州に渡られ、教師となって奉天教会の牧師として仕えておられました。

しかし、林三喜雄牧師は一九三一年九月十八日の「満州事変」を擁護して、それを「新報」一九三一年十一月二十六日号に「現地基督者の見たる満洲事変の考察」と題する論説を載せました。「余は率直に断言する。今事変の原因は志那軍閥によりて、多年計画的に実行せられたる排日行為の結果である」とし、それは「この志那においては排日と言うことが、単なる個人の感情や、個人の利害関係により生まれし私的問題にあらずして、実にこれを国是となりおりしことである」と訴えました。続いて、「その排日、すなわち日本の侵略支配の原因は、すべて中国側にある」とし、「その主権は志那三千万民衆とは、何らの有機的関係なき軍閥による」と言って、張作霖とその息子張学良は「馬賊出身」であると断じました。そして「思うに志那は未だ国をなさず、民国と言うに足る者はまだ現れず、極端にこれを言えば、ただおびただしき人間の集魂なるのみ」と断じています。

この論説は日本基督教会の長老金田隆一が、その著『昭和日本基督教会史』で、次のように厳しく批判しています。これは「中国人に対する軽蔑と差別」を含んでおり、「関東軍の謀略による張作霖爆殺と満州事変の契機となった柳条湖満鉄爆破事変の真相究明を怠り」「関東軍の一方的発表を鵜呑み」にして、「中国民衆の自治能力の欠如」として日本の「満州侵略の正当性を一方的に是認して」いる。かくして、「日本民族の優越性を誇り、関東軍の侵略を全面的に肯定して」いる。特に、これが「キリストの愛を説く牧師の発言である」ことに問題を強く感じています。

また、植村環牧師はこの林牧師の論説を厳しく批判し、満州事変を起こしたのは関東軍の謀略だと言って、政府に抗議の手紙を書いています。

一方、小川武満先生は満州に五族協和がなることを真剣に信じていましたので、この満州事変が関東軍によって惹き起こされた侵略であったことを知って、深い疑いに陥りました。そして奉天教会にいた林三喜雄牧師を訪ね、求道して受洗したのです。

日本軍によって爆殺された張作霖の息子張学良は、確かに馬賊出身で日本に協力していましたが、この満州事変以降は国民党の蒋介石につき、青天白日旗を掲げて排日を鮮明にしました。そして一九三六年の西安事件を起こして、蒋介石を監禁して共産党と協力して日本と戦うことを迫り、「国共合作」が成りました。しかし、蒋介石に捕らえられ、一九四九年十月に共産党が「中華人民共和国」を宣言したとき、国民党の捕虜として台湾に逃げました。後に釈放されて敬虔なキリスト者になったと言われます。

続いて奉天の中国人教会を訪ねました。そこは中国人が三千人ほど礼拝をしていました。その後中国人の牧師と面会し、参加者一人ひとりが聖書の一節を添えて自己紹介すると、中国人ガイドは初めて聖書にふれたと大変喜んでくれました。このガイドは奉天を去るとき、東京駅と同じ造りの奉天駅（瀋陽駅）で涙を流してわたしたちを見送ってくれました。このガイドは後に家族でカナダに引っ越していったと聞きました。

また、小川武満先生の母校「満洲医科大学」を訪問しました。先生はこの大学で尊敬する北野征次教授が中国人を捕らえて人体実験を行っていたことに衝撃を受け、学長にその事実を認めるように激しく迫りました。しかし、学長は頑にその事実を認めませんでした。

しかし、わたしがその面談に感謝すると、学長は職員に命じて教室を案内してくれました。途中小川先生の同僚の中国人教授にあうと、彼は人体実験の事実を認めていました。

その後撫順炭鉱のある町を訪ねました。そこに日本軍が中国人民約三千人を虐殺した「平頂山事件」の記念館がありました。それは日本軍が崖の下に中国人を集め、老人も若者も、男も女も、胎内に子どもを宿した母親も皆、機関銃で打ち殺した衝撃的な事件のあった所でした。その撫順守備隊の隊長であった川上精一大尉は、戦後その事件を悔いて自殺しました。しかし、その直接の責任者であった井上中尉は、このことを一言も語らず、戦後も再婚して生き伸びています。彼はその出征直前に、彼の十九歳の夫人が自殺しました。その遺書には「明日の御出征に先立ち嬉しくこの世を去ります。何卒後のことを何一つご心配下さいますな。わたしは及ばずながら皆様を御守り致しますから、御国のために思う存分の働きを遊ばして下さい」とありました。この夫人の自殺は軍国美談として賞賛され、「ああ井上中尉夫人」「死の餞別」等と映画化されました。しかし、この事件に直接責任のない炭鉱の久保次長以下七名は、戦後国民党によって銃殺されました。その炭鉱の副所長であった柏井豊俊さんは南柏教会で受洗した教会員でしたが、二度と中国に行きたくないと言っていました。

また撫順戦犯管理所を訪ねました。そこに旧満州国皇帝愛新覚羅溥儀と、三光作戦などの残虐な行為をした戦犯たち約千名が収容されていました。中国人はその戦犯たちを人道的に扱い、丁寧にもてなしました。そしてその残酷行為の数々を告白文に書かせ、正直な告白を迫ったのです。その判決は戦犯たち全員が起訴猶予として釈放されました。

釈放された戦犯達は、日本帰国後「中国帰還者連絡会」を結成し、各地で自分たちの加害責任を涙ながらに証言し、また書物にあらわしました。溥儀は釈放後一人の人民として人間性をとりもどし、愛を知って再婚して、文化大革命の最中に亡くなりました。

林三喜雄先生は、一九三五（昭和十）年に東山荘で開催された日本基督教会大修養会で、「外地伝道について」講演しています。「我日本基督教会が他の諸教派に先んじて、満州伝道に着手したのは、日露戦争直後のことでありました。戦後における満州伝道はその頃の全日本基督教会の大いなる幻であったのであります。爾来、三十余年、神の導きと幾多先陣たちの尊き犠牲的奉仕に因りまして、今日、満州中会内に、独立教会十個、伝道教会二個、伝道所三個を数えるに至ったのであります。まことに感謝すべき歴史と申さねばなりません」。「私が奉天に赴任いたしました頃、即ち、満州事変の一年前には満州中会には一個の自治伝道教会の実がありましたのみでしたが、他は凡てすでに独立を完成し、恰も創業以来の苦心経営漸く報いられて、第一期工作を了して、一息ついた状態でした。したがって、満州中会に於いても、満州に新伝道地を開拓する機運未だ到来せず、時勢未だ非であったのであります。しかるに、御承知の如くに、満州には新しき時代が来たり、再び全日本基督教会の大いなる幻とならなければならない様になったのであります」。

「しかし、兎も角、奥の各地に内地人五、六千人以上の密集地が生まれつつありますので、酒と女とより外に何もない此の荒れたる土地にどうしても十字軍を起こさねばなりません。承徳、チチハル、牡丹江、間島方面などは将来に大いなる発展を約束せられて居る處であり、数年の内には真剣に祈って着手しなければなりません」。

「所謂、五属協和の真の根底は異民族間にある各基督者の職務であると信じます。各民族の基督者が親しき交わりを持つことを通して、この点に奉仕し得ると思います」。

「外地においては一人の日本人も凡て日本を代表して居るのであります。私はかかる土地柄における日本基督教会とその会員とが、厳粛なる使命感をもって、祖国日本の使命の聖化のために奉仕すべき責任を負わしめられて居ると信じます」。

林三喜雄先生のこの講演後わずか十年後、日本は広島、長崎に原爆を落とされ、惨めな敗北を喫しました。日本基督教会の誇っていた満州における聖なる教会も、満州中会もろとも皆破壊されてしまったのです。

しかし、一九七二年十月十日、柏木教会でもたれた「日本基督公会創立百年記念集会」の主題は、「主のあわれみに生きる教会」でした。林三喜雄先生は講師の一人として、「我らの教会の本質とその伝統」という講演をしています。

「かえり見ますと、この百年の歴史は、神の福音の重荷の歴史であり、これを担わしめられた私たちには、光栄の歴史であると共に重荷の歴史であり、勝利の歴史であると共に苦渋と失敗とを織り交ぜた歴史でありました。まことに小さい器であるこの私が、五十余年日本基督教会の歴史の中で歩んでまいりました跡を顧みましても、そこには牧会的にも伝道的にも、神学的な戦いの中にも、時代錯誤の課題に対する姿勢においても、幾つかの申し訳ない過ちを犯し、恥と悔いとを覚えつつ、神の憐れみと赦しとを願うのみであります。願うところは、これらの日本基督教会を背負われた皆さまが、前車のくつがえるを後車の戒めとして、一〇〇年の歴史を通して語りたもう神のみ旨を悟り、新たな前進をしていただきたいと、切に祈るものであります」。

ここに林三喜雄牧師の奉天教会時代の「満州事変」に対する論説についての「悔い改め」が

あります。また林三喜雄先生は、晩年横浜の聖マリアンナ病院に入院しておられましたが、その時お見舞いに来た指路教会の長老で、ヘボンを訳した高谷道男が、「今なら先生について行きます」と言うと、先生は「わたしは聖なる教会を分裂させたことを悔いる」と言われたとのことです。もちろん、林三喜雄牧師が新しい横浜長老教会を建て、新日本基督教会を創設したことが全くの無駄であったというわけでありません。そのことに大いなる意義があったことは確かです。しかし、聖なる教会を分裂させて、新しい教会を建てることが、全く英雄的で「正しいこと」であったかどうかは、後の批判に委ねます。

小川武満先生は、林三喜雄先生の葬儀の辞で、「ああ、勇士は倒れた。戦いの器は失われた」た叫びました（サムエル下一・二七）。また竹森満佐一先生は、「林三喜雄先生は日本における最高の神学者であった」と何度も口にしておられました。

その後、長春（新京）を訪ねました。長春は緑の多い都市でした。わたしはこの長春の満州病院で生まれました。長春の教会と土曜日のセブンスデーの教会と、二度礼拝に出ました。両方とも三千人あまりの出席があり、教会の外には椅子が並んでいました。セブンスデーの教会では教会に入れりきれないで階段に座って礼拝している老婦人が一所懸命にメモを取っている姿が印象的でした。その日曜日の説教は、イザヤ書二章四節の「主は国々の争いを裁き、多くの国民を戒められる。彼らは剣を打ち直して釜とする。国は国に向かって剣を上げず、もはや戦いをまなばない」でした。またその日の午後、山下操六先生の息子さんたちと一緒に、当時の吉林教会を訪ねました。それは今も幼稚園として残っていました。

最後に大連を訪ねました。大連はロシアの建物が多く残っていました。大連教会（西広場教会）の赤レンガの建物は、今も図書館として残っていました。この教会は関東軍の援助によって建てられ、ウインご夫妻は満鉄の特急に乗り放題の特権を与えられていました。大連の小学校、中学校、病院などの多くはキリスト教主義で、教会は活発に広く伝道していました。戦後日本で「西広場の会」が行われ、その交わりを懐かしんでいました。

参考書

日本基督教会「新報」一九三一年十一月二十六日号

「日本基督教会大修養会」（於東山荘）一九三五（昭和十）年

「主のあわれみに生きる教会」（日本基督公会創立百年記念集会の記録）改革社、一九七三年

金田隆一著『昭和日本基督教会史』新教出版社、一九九六年

Ⅳ　恵蘭のてがみと山田タミ（林郁著『満洲・その幻の国ゆえに』を読んで）

恵蘭のてがみと山田タミ

（林郁著『満洲・その幻の国ゆえに』を読んで）

「お母さん、お元気ですか。病院の仕事は辛くありませんか。一昨日もお母さんの夢を見て、目が覚めてからもずっとお母さんのことが気がかりでした。そして気持が通じたのでしょう。お願いしてあったあなたの声のテープが届きました。あなたの声をテープレコーダーで聞き、私は大変たいへん興奮しました。まるでお母さんが身近にいるようです。そのうち私の心はひどく痛み始めました。

お別れしてからもう三年四か月になります。お母さんが日本へ出発する時も悲しかったけれど、あの時はまた会えると思っていました。中学三年生の私は、日本のお母さんのところ行けると考えていました。お父さんに叩かれてばかりいたあなたに幸福になってもらうために、私はしばらく淋しいのを我慢しなければならないと思ったのです。

でもお父さんは、あなたが日本へ行ってしまってから、いっそう荒れて怒るばかりです。絶対にお前を日本へ行かせない、日本へ行ったらブッ殺す、と怒ります。日本と一言で立ち上がり、私は生きた心地がしません。日本人の血の混じった人との結婚は絶対に許さないと言い、日本人と口をきいても咎めます。お母さんを思って泣くことも許されません。

中日友好の時代なのに、私の家庭は怨みと怒りばかり。あんなにやさしかったお母さん、九人の子を生み、七人を育てあげ、真夜中も一生懸命働いたお母さんを、なぜお父さんは憎むのでしょう。日本人だから、日本へ逃げたから許せないのだと父は言います。それならなぜ日本人と結婚したのか、そのことを言ったら、父は気が狂うでしょう。

父の頑固な性質は近ごろよけいねじれて、日本は金や物があるからと言い気になるんじゃないと大声で言い、お母さんが里帰りのふりをして日本へ行き、もう帰らないことをなじり、やっぱりあの女も日本人だ、日本人は信用ならんと言います。

「戦争さえなかったら」とお母さんは言いましたね。ほんとうに日本の侵略がなかったら、お父さんの心ももう少しなだめようがあるでしょう。お母さんはなぜ日本から中国東北に移住したのですか。開拓団とは何ですか。

私たち大勢の子はもう生まれてしまいました。生まれた以上は生きねばなりません。苦しまずに生きたい。独りきりになったお母さんを幸福にしてあげたい。荒れるお父さんも私の親です。静かに幸せになってほしい。

私は幸運にも煉瓦工場に入れました。働いている時は、少しは苦痛を忘れます。私は十八歳になりました。再会を祈りながら懸命に生きてゆきます。お母さん、病気にならず、丈夫でいて下さい」。恵蘭。一九八三年一月六日記。

この手紙は当時日本に里帰りして病院の付添婦をしている山田タミに宛てて書かれていま す。それは林郁著『満洲・その幻の国ゆえに』の冒頭に置かれていました。ここに日本人と中国人の間に生まれた一少女の痛切な叫びがあります。また戦争とは何か、侵略とは何か、開拓団とは何かが、率直に問われています。

わたしは小川武満先生と共に、一九八八年から毎年一回夏に教会の許しを得て「旧満州の教会を訪ねる旅」をしました。中国東北部の大連、瀋陽、長春、牡丹江、チャムス、延吉、図問、ハルピン、北京、そして南京を訪ねました。また教会だけでなく各地の開拓団跡や戦地跡を巡り歩きました。その際チャムスから車で第二次武装移民の千振開拓団跡を訪ね、またハルピン郊外のキリスト教開拓団の跡も訪ねました。

その中国旅行の前に数名の牧師たちに、この林郁著『満洲・その幻の国ゆえに』を送りました。この書物を手にしたある牧師は慟哭して涙を流したと聞いております。

賀川豊彦は星野直樹と会談した際、「満洲国にはロマンがあった」と言いました。賀川豊彦は日本キリスト教会の牧師であり、星野直樹は芝教会の牧師星野光多の息子で、やがて満州国のトップになり、A級戦犯で服役して解放されました。

確かに満州国には「王道楽土」「五族協和」の建設という大きなロマンがありましたが、そのロマンは間もなく「見果てぬ夢」となったのです。そこから日中戦争が勃発し、ノモンハン事件の痛い敗北を経て、太平洋戦争に突入し、広島長崎に原爆が落ちて、日本は悲惨極まりない敗北を喫したのです。

当時の日本は世界恐慌を経て大変貧しかったのです。加藤完治は土地のない貧困な農村の二世、三世の窮状を救うために満洲開拓移民を奨励しました。彼はキリスト者で植村正久の教会にも通いましたが、後に改宗して筧克彦の古神道による農本主義を掲げ、満蒙開拓移民を推進しました。当時多くの開拓団は満洲熱に浮かされて、満洲に渡ったのです。そこに広大な土地が与えられ幸福な生活が約束されているという大きな夢を抱いて満洲に渡って行きました。しかし、その広大な土地は中国人のものでした。その五族協和の建設という夢は、たった十四年でもろくも崩壊したのです。

山田タミは一九三九（昭和十四）年に十二歳で、木曽の読書村から渡満して第二次武装移民千振開拓団の近くにある公心集の「読書開拓団」に入植しました。そこは「中国人」の家をただ同然で買い上げた土塀二軒分の、木曽の貧しい家とは比べものにならない広い家に入居しました。その広大な土地を三人の中国人の使用人を雇って耕しました。

小学校の朝礼では日章旗が掲載され、皇居遥拝をし、「海行かば、水つく屍、山行かば草むす屍、大君の辺こそ死なめ、顧みはせず」の歌を大声で歌いました。それは日本人は皆、天皇のために水草となり、野辺の草になって死んでもよい、という恐ろしい歌でした。

やがて太平洋戦争に突入し、成人した男子は皆「根こそぎ召集」されました。タミの家から父、長男、次男の三人が一度に召集されました。タミが父と長兄を見たのはそれが最後でした。関東軍は南に移動し、開拓団は見捨てられたのです。

そして八月九日ソ連が満洲に進入し、団員たちは皆その家を捨てて地獄の逃避行を始めたのです。十五日の夕方遅く、「洋梨片に匪賊が」という震え声をタミは聞いたのです。

午後五時ごろ、現地民が草刈り鎌、斧、日本刀、竹やりなどを手にもって襲撃してきました。開拓団員たちは小銃や日本刀で応戦したが多勢に無勢でした。殺される女性と子どもの断末魔の叫び声。殺すという行為にみずから逆上した現地民の怒号。部落から逃げようとした人々も「匪賊」防止用に築かれた土塀の上に立つ現地民の銃弾に次々倒れました。

暴動は約二キロ離れた中和屯でも起こりました。現地民たちが農具や刀を武器に乱入し、抵抗する男たちを惨殺し、女と子ども三十九人を縛ったのです。翌十六日の朝早く女と子どもは二台の馬車で近くの墓地へ連れ出され、次々に竹槍で喉を突き刺されました。竹やりが折れると、暴徒は角材で頭部を乱打しました。

この現地民の日本人殺害は当時の満洲では珍しくありません。開拓団は武装して入植し、匪賊用に高い土塀を造ったのです。キリスト教開拓団も二つ入植しましたが、武装しなかった開拓団は難を逃れ、武装した開拓団は現地民に襲われて多くの犠牲者を出しました。
もっとも悲惨な逃避行を続ける開拓団を追いかけてきて「おにぎり」を配った現地民も多くいたことを忘れてはなりません。

またその逃避行の中で、疲れ果てて集団自決をはかった開拓団も多くありました。中村雪子著『麻山事件』はその一例です。それは麻山で女性とわが子四百余命を銃殺した集団自決でした。妻とわが子四人を銃殺し、自分だけは生き残った笛田道夫は、北海道八雲出身の貧しい農民でした。若いころ八雲教会に通い、賀川豊彦のキリスト教社会主義に共鳴し、加藤完治たちが提唱する「満蒙開拓団」に魅力を感じた人でした。「何しろ満洲の土地に魅力を感じた。ここだ！　この満洲で、日本にいては出来なかった若者の夢を実現するのだ」。しかし、その大きな夢は集団自決という悲惨な結末を招いたのです。

一九四五年の夏は特に雨が多く、避難民は冷雨にふるえ、泥につかり、疲れ切った足を引きずりながら、その逃避行を続けました。「タミは自決したがる母を叱り、五歳の妹を背負って歩いた。タミのすぐ下の妹が一歳の妹を背負い、休む時はタミが一歳の赤子を抱いた。赤子を母に渡すと道ずれにして自決しそうだし、それに母の乳房は空っぽであった」のです。

また先に逃げた関東軍の部下が橋を壊し、そのうえ増水していたため、開拓民は渡河に苦しみました。「タミは五歳の妹を背負い、貴重品を頭に縛り付けて、人はしごの上をかろうじて渡った」とあります。滑り落ちて激流に呑まれた人、赤ん坊をエプロンに包んで川の流れに投げ込んだ母親、川辺で兵に射殺してもらった老人や母子もいました。

その時タミの一家は渡河のため衣服を脱いで、裸で遁走したのです。夏の八月最後の日とはいえ、水にぬれた身体は夜露に打たれ、寒さに震えました。

九月上旬、タミはソ連軍につかまり、方正に連行されて野宿させられました。ソ連兵は避難民を軍靴で踏みつけながら、適齢の女性を探し出し、近くの空き地で次々と犯しました。輪姦に次ぐ輪姦にたまりかねて叫び、その場で射殺された娘。娘が犯されて発狂した母。抵抗する女性を銃尾で殴る音。絶え間ない悲鳴。「タミは軍靴に踏みつけられても、奥歯を噛みしめて耐えた」と言います。栄養失調に加えて疫病、発疹チフス、麻疹が猛威を振るい、タミの一歳と五歳の妹も死にました。「タミは泣くゆとりもなく、死者のために掘ってあった大きな穴へ二人の小さな死体を運んだ」のです。

方正収容所で年を越したタミは、「このままでは一家全滅だ」と感じました。一九四六（昭和二十一）年二月、収容所でタミ一家は死を待っていました。母も妹も起き上がれず、水がわりに氷を割って口に入れる力もなかったのです。

タミは家族を救うためと自分に言い聞かせて、「身売りを決意した」のであります。

タミは家族全員を村で養ってくれるという条件で「嫁入り話に乗ることにし、物や金は受け取らなかった」とあります。

「タミの相手のWは長身痩躯、大きな目が鋭く、鼻の高い男で口達者な男でした。彼は次男で家はもっておらず、姉の嫁入り先に同居していました。土間をはさんで二間だけの泥の家に姉夫婦とその子ども、Wの母がいました。そこに病み衰えたタミの家族五人が住むのだから大変です。言葉は通じないし、病人は動けない。食物は不足がちで、一部屋にWの姉一家、もう一つの部屋にタミ一家が重なり合うように寝ました。タミの家族は寝る場が取れなくて壁にもたれかけて寝る者もいました。

そのうえWには多くの情婦がいました。契約で貧困のため夫がいながらその妻を情婦にしていたのです。「母を背負って極寒の戸外へ出たら凍死するしかない。生きていれば、いつか日本へ帰ることができるかもしれない。タミはそう思い直し、重労働の水くみ、炊事、靴つくり、縫物などに励み、Wの母や姉夫婦に仕えた」とあります。

「生活習慣の違いでまごつくと、Wの手が頬に飛ぶ。Wは極端に短気で、せっかんも激しかった。小柄で痩せたタミは、Wの一撃で部屋の隅まで吹っ飛びました。母は不運を嘆き、衰弱して死にました。妹も弟も病んでいたのです。

一九四九年十月中華人民共和国が成立しました。その翌年一月末にWとタミの一家は小さな泥の家をもらい、姉夫婦の家を出た。畑を借りられたので、粟、高粱、大豆、じゃがいもをつくり、タミの末弟は小学校に入ることができました。

タミは三人の女児を次々に生み、次女は死んだが、すぐに四番めに長男が生まれました。七人の子はしゃがんで自力で出産しました。産婆や病院に払う費用がなかったからです。

最後の双子の時だけは難産だったので、母子センターの医師にかかりました。Wは無事に生まれた双子を見て、「なぜ自分で生んで、一人殺さなかったのだ」とタミを責めました。タミは心底から怒りを感じました。「あれでは中国人ならすぐ離婚ですね。だけどわたしは日本人だからがまんしたのです。侵略国で敗戦国の日本人だから」と、タミは無念そうに言っています。

「タミはよく働いた。庭にも野菜をつくり、豚と鶏を飼った。子どもは二人死んだが、七人が育った。七人の子どもの勉強を見てやりながら中国語を覚えた。小学校で新聞を読んだ。新聞で世の中の動きや日本のことを知りたかったのである。夏は朝三時に畑に出て三時間ほど働き、帰宅して朝食を取り、子の世話をし、また畑に出て日没の八時ごろまで働く。薪割り、オンドルの掃除、ランプの灯のもとで家中の衣服を縫い、布靴造りと、仕事には果てしがない。一睡もせずに夜が明けることもしばしばだったが、気力で頑張りぬいた」のです。

タミは夫以外の中国人の悪口はほとんど口にしませんでした。しかし、彼らは日本軍に対する怨みや日本の侵略の悪業は厳しく批判します。実際、中国で日本侵略の悪業をくり返し耳にしているうちに、日本の罪が骨の髄まで染みてしまったと言います。思いは中国と故国に引き裂かれてしまいました。子どもが「日本鬼子」とガキ大将にいじめられると、タミは「叩くならおばさんを叩きなさい。この子には罪はない」と言って子を助けました。

一九六六年文化大革命。文革では日本人を打倒すべき「黒五類」とされました。貧農である夫は最も革命的なのに、日本人を妻としているので「黒」とみなされました。タミ一家によくしてくれた中国人が五十屯の石を細い針金で首から背にしばりつけられて責められたとき、その人の無事を隠れて祈ったという。彼への同情を他に示すことは禁物でありました。なにしろタミは「黒」でした。黒の同情や協力は彼の罪状を悪くするばかりだったのです。文革期には宗教一切が反革命とされていたから、こっそりと祈ったのです。

歌の好きなタミは畑に隠れて日本の歌を歌いました。タミが特に好きだったのは、「異国の丘」でした。これは吉田正がシベリアで極寒の中で凍死した多くの仲間を思って作曲した歌でした。また「北帰行」を歌って望郷の念を振り払おうとしました。「夢はむなしく消えて、今日も闇をさすろう。遠き想い、はかなき望み、恩愛我をさりぬ」。

一九七二年中日国交正常化。タミはそれを新聞で読み、子どもたちと抱きあってうれし泣きしました。そして一九七五（昭和五十）年小学生の家族を連れて三十六年ぶりに里帰りをしました。祖国は激変していました。

南木曽で墓参りをし、親戚の人々や元開拓団員たちに会いました。言葉は親しく交わしたが、タミはどこかずれを感じました。満洲への思いにも違いがありました。タミは口が裂けても、「満人」などとは言わない。「満州国」を懐かしいとは思わなかったのです。タミにとっては「満洲」は自分と家族の一生を台無しにした悪夢の国であり、「偽満」でした。そこは厳然とした中国東北部でした。それなのに敗戦直後に引き揚げた開拓民の多くは、「赤い夕陽」を懐かしみます。恋い焦がれた祖国日本だが、この食い違いは何であろう。

一時帰国を終え、中国にもどったタミは、ここでも違和感と新たな圧迫感を感じました。タミは永住帰国を望むようになりました。子どもを一人前にするまではとタミは歯をくいしばり、それから五年たちました。タミは夫と別れる決意をしていました。自分の気兼ね、人の善さが、子どもまで不幸にしてしまったと悔いていたのです。

出発前夜、近所の人がWに酒を飲ませて寝かせた。さすがに頑健なWも疲れたのか熟睡していました。明け方、「それ逃げろ」と子どもたちや近所の人がタミの荷物をもち停留場に急ぎました。帰国費用は村の人々が工面して貸してくれました。「わたしが帰国できたのは、村の大勢のみなさんのおかげです」と、タミはうるんだ目をエプロンでぬぐいました。

「わたしはWと別れて少し人間になれました。自分の意志の弱さや間違いもわかりました」

と頭をたれる彼女だが、末娘のことになると、興奮します。母に会いたいと訴える末娘の恵蘭を日本に呼びたいと思いました。恵蘭は里帰りをしたとき、日本語をかなり覚え、日本の生活にもすぐに慣れました。日本でやっていける子だと言います。

一九八〇年日本の訪中団が方正県に初めて入った。タミの末娘の中学生は、母に会いたいと訪中団に取りすがり、バスを追いかけて何百メートルか走り、力尽きて道端にしゃがんで泣く姿は見るに堪えなかったという。

高山すみ子は彼女に、「いつかきっとお母さんに会えるから、希望を失ってはいけません」と励ましたと言う。高山すみ子は満洲最大の悲劇と言われる佐渡開拓団跡事件の惨事を生き残った女性でした。すみ子は二人のわが子を銃殺してもらい、自分自身も仲間の小銃で射殺してもらう瞬間、小銃を構えたその人がソ連軍の弾丸に倒れたために生き残ってしまったのです。すみ子は集団自決から生還した三名の中の一人でした。戦後は証人として「佐渡開拓団跡事件」の惨劇の話を続け、愛児を死なせた償いのために、「満洲」が残した多くの難問のために奔走しています。

一九八一年八月に元読書分村と、隣の泰阜村、中川村の三つの団の有志は、中国東北を訪ね、分村跡や逃避行の道を歩きました。しかし、彼らが訪問を熱望していた方正県へは大水のために行かれなくなりました。そこに元読書団勤労奉仕隊員で、戦後、中国人妻となって残留した女性六人が方正からやってきました。彼女たちは日本人に会いたくて、はだしで大水に入り、しっかりと手を握りあって、たどり着きました。彼らは徒歩、バス、徒歩、汽車を乗り継いで、丸二日かかってようやくハルピンの国際ホテルに辿り着いたのです。

彼女たちは五十過ぎの女性たちでした。旅行団のメンバーも涙を流して喜び、彼女たちの日本に帰りたいと言う訴えを聞きました。しかし、夫や大勢の子どもたちを連れて日本に来ても、うまく定着できるかどうか不安で、彼女たちに帰国を勧められなかったのです。

わたしたち中国の教会を訪ねる旅行団もハルピンに行ったとき、その国際ホテルに夫と二人の子どもを連れた日本人女性が訪ねて来ました。それはおそらく方正からバス、徒歩、汽車を乗り継いで、丸二日かかって到着したのだと思われます。彼女に面会した人は北海道の森伝道所の会員の女性でした。訪ねて来た女性はその人の姪でした。その姪は中国人と結婚し、二人の子どもをもうけていたのであります。しかし、その姪は一度北海道の森町を訪ね、親戚の者たちにも会いましたが、結局夫と子ども二人を連れて日本に帰国することは無理だということになり、断念して中国に帰って行ったと聞きました。

タミも「わたしもいつか方正へ旅行できる境遇になりたい。あの村を訪ねて、お世話になった村の人たちにお礼を言いたい」と言いました。

タミの娘が訪中団のバスを追い、力尽きて道にしゃがんで泣きむせんだとき、池田広子は抱き起こして励ましました。広子はそのころ日本へ帰国するつもりがなかったので、その娘の母代わりになってやろうと思ったのです。しかし、広子は夫に死なれ、事情が急変して永住帰国することになったので、タミの娘のことが気がかりでしたが、中国に残しておくよりほかはありませんでした。

池田広子は一九四四年に一家九人で方正の伊漢通開拓団に移住しました。翌年八月九日、混乱の中、山の中を通ってハルピンに逃げることになりました。二十日ほど山の中を歩いたとき、この先は危険であるから方正へ戻れという命令を受けました。ソ連兵が女狩りに現れました。広子は高い高粱畑に逃げこみ、息をひそめて朝を待ちました。夜が明けると、すぐ近くに子どもを背負ったまま血まみれになって死んでいる女性や、乳房を刃物で切り取られて仰向けに死んでいる娘の遺体もありました。

飢えと栄養失調が進み、末っ子が死に、続いて下から二番めの子が死にました。父は発疹チフスと疫痢と喘息が重なり、日に日に衰弱していきました。広子は命がけで日本軍倉庫跡に食料を盗みに行き、盗んだ籾を鉄兜に入れて精白して食べましたが、栄養失調は癒りませんでした。結婚していた姉はすでに妊娠しており、すし詰めの穴の中で赤子を生みましたが、誰一人おめでとうと言いませんでした。広子は姉がかわいそうで、ほんのわずかな米を炒ってお祝いしました。産着もおむつもないから、一枚だけ持っていた和服をほどいて赤ん坊を包みました。姉の乳はいくら搾っても出ず、赤ん坊はぴくぴくと唇を震わせ、生後十三日めに凍死しました。誰も泣く者はいませんでした。母は顔をひくひくさせて死にかかっていました。広子は一家の全滅も近いと感じました。広子は身を売る決心をしました。

広子の相手は大きなお屋敷の庭に小さな部屋を与えられた人でした。夫は顔立ちがよく、優しい目をした男でした。夫は日本軍に徴用されて、飛行機つくりの重労働を強いられたので、身体を壊していました。姉は現地の農民と再婚して、父母と妹を引き取りましたが、その費用は広子の夫が出しました。一息ついて間もなく父母は死に、姉も病死しました。

広子は次々と死んだ家族七人の遺髪を切り取って隠し持って生きました。

広子のいた村は野盗集団の襲撃や八路軍対国軍の戦闘が幾たびもあり、広子と夫は方正から松花江をさかのぼった小さな村に逃げました。一九四七年に方正に戻って見ると、家は全滅していました。家長である地主の夫の父も牢に入れられていました。広子の夫も捕らえられ、皮ベルトで叩かれ、気絶すると水をかけられ、また叩かれました。その時身体の方々についた傷跡は死ぬまで消えなかったといいます。

広子は女の子を産んだが、十五歳になる妹が傍におり、日本人であるため銃殺刑と決まると泣きだしました。その時広子は「泣くな」と妹を叱りつけ、「この十七歳の命、いさぎよくくれてやる」と胸を突き出し、銃殺の前に最後の願いがあると言って頭を上げ、「わたしを殺すとき、日本人である妹も殺して下さい。しかし、この赤子は中国人であるから殺さずに育ててほしい」と言いました。そこへ工作人の一人が来て、「日本帝国主義は悪いが、彼女は元開拓民だから人民だ。捕虜でも殺してはならぬ」と言いました。広子親子と妹は工作人によって釈放されたのです。

夫は拷問によって動けなくなっていました。広子は妹と赤んぼうを連れて物乞いに出ました。広子は人一倍誇り高かったので、追い払われると恥ずかしくなり涙が出ましたが、この子を生かさねばと思い、他人の家から家へとまわりました。黙って食べ物を手渡してくれる人もいました。僅かなものでも夫に分け、牢のしゅうとにもさし入れました。

広子夫婦としゅうとと妹は人民共和国になってから、方正の奥地の農村に入り、農作業に励みました。広子は女の児三人を産んだが、服の仕立てと編み物の内職を続けました。その後人民公社になり、広子はそこの会計になりました。しゅうとはいい嫁だとほめてくれました。また子どもたちは秀才に育ちました。彼女は疲れた夜は晩酌で癒し、「人生の並木道」「南京の花売り娘」「愛国娘」などを歌いました。娘たちが「日本鬼子」といじめられる度に、「勉強して立派な人間になるしか、勝ち目はない」と言って、宿題を一緒にやりました。

広子一家に親切だった病院の院長が批判され、遠くの農村に下放されたことが、広子には大変辛かったと言います。一九七二年の国交回復まで娘たちの失業は続き、夫は林業局の役職を降ろされました。夫は一九七四年に脳血栓で倒れ、六年間半身不随で寝ていました。そして一九八〇年に亡くなりました。彼は息を引き取る前に、「おれはお前を嫁にしたお陰で家の中では楽しく、幸せだった。しかし、外では不幸だった」と言ったとあります。

その後日本に永住帰国した池田広子は、ふいに声を詰まらせ、涙をあふれさせて、「上の子はむりに別れて来てしまった。いつ会えるのか。あの子たちが元気でいてほしい」とかすれ声でいいました。「しかし、わたしの涙は、娘恋しさだけではない。人間というものが哀しいのよ。ああ、泣かない女だと言ったのに、泣いてしまった」。

タミは「高山すみ子さんにも、池田広子さんにも、娘のことでずいぶんご心配いただきました。わたしは子供に会いたくて、せめて末娘だけは欲しくて。頭に血が昇るような、胸がかきむしられるような思いでした。娘もお父さんといると気が狂いそうだと手紙で言って来てますから」。タミは夢中で働いたお金をため、自分が日本に逃げた慰謝料として、そのおかねを送り、末娘を下さいと改めて夫に手紙を出したが、絶対に娘を渡さないという返事がきました。また中国東北部は旱魃で、タミは食料不足が気になり、子ども可愛さにインスタントラーメンを送ったが、末娘からの礼状に、「おとさんは日本の麺など大嫌いだ。今に日本なんかやっつけてやるとおこりながら、おかあさんが送って来た麺をたべています。身体の調子が悪いと言って怒りながら、お母さんが送って来た薬をのんでいます」とありました。

また娘からの手紙に、「私は煉瓦工場の仕事に一生懸命に励んでいます。私は子供の時男の子みたいだとよく言われましたね。私は男よりも、もっとしっかりした独身者になります。お母さんに会えなくても、どんな動乱が来ても、どんな飢饉が来ても、生き抜ける強い人になりたい」とありました。

タミは「まだ決まった家もなく、病院から外へ出る暇もなくて。でも、娘がしっかり自分の足で歩いてくれたら、それでいいんです。生きてさえいたら、いつかきっと」と呟きました。

参考書

林郁著『満州・その幻の国ゆえに』筑摩書房、一九八六年
中村雪子著『麻山事件――満洲の野に婦女子四百余名自決す』草思社、一九八三年
城戸幹著『瞼の媽媽――自力で帰国した残留孤児の手記』文春文庫、二〇一四年
城戸久江枝著『あの戦争から遠く離れて』文春文庫、二〇一二年
藤原てい著『流れる星は生きている』中公文庫、一九七六年
半藤一利著『ソ連が満洲に侵攻した夏』文春文庫、二〇〇二年

山室信一著『キメラ——満州国の肖像』中公新書、一九九三年
雨宮栄一著『暗い谷間の賀川豊彦』新教出版社、二〇〇六年

あとがき

わたしは小川武満先生ご夫妻と中国で出会いました。一九八八年から毎年夏に休暇をいただいて小川武満先生ご夫妻と中国東北部の旧満州を旅することができたことを嬉しく思います。特に中国各地で先生と朝早く起きて近くの公園を散歩し、太極拳やラジオ体操をしている民衆の姿に接し、中国人と親しく会話することができたことは、何よりもの収穫でした。また、この旅を通じて先生から激烈な戦争体験を親しく聞くことができたことは大きな収穫でした。また、先生の無医村医療開拓伝道の激烈な熱意に感銘を受けました。日本キリスト教会にこのような無医村医療開拓伝道に尽くした牧師はいません。

先生からこの中国旅行の体験を書くように勧められましたが、ようやくこの小著を著すことができました。ここに小川武満先生ご夫妻に心から感謝して、この書物をささげます。

「何が天皇だ」と言って、激しくキセルをラジオに向けて投げつけた伯父弥太郎の怒りは印象的でした。天皇が相撲観戦に来たときでした。弥太郎は囲炉裏でキセルを吸いながら、「ああ睦夫がいたらなあ」「ああ実がいたらなあ」と口癖のように言っていました。

睦夫さんと実さんは、父の弟でした。睦夫さんは海軍で、一九三九(昭和十四)年九月二十八日に中国で戦死しました。二十四歳でした。日記を見ますと、好きな女性がいたこと、また戦争に対する正直な疑問を記していました。

また実さんは陸軍で、ビルマのインパール作戦に参加して、戦争が終わる直前の七月二十日に戦死しました。まだ二十二歳で、それは無残な死に方でした。その父弥太郎は三日間食べ物が喉を通らず苦悶したとのことです。

父は障がい者でしたので、戦争や満州引き揚げの苦労をしていません。しかし、終戦直前に満州から引き揚げて来て、兵庫県八鹿で高校の教師をしていたとき、突然脳溢血で倒れました。母は小学校に上がる前のわたしと、四歳の弟と、乳飲み子の弟を抱えて、途方にくれました。母は綾部高等女学校と東京の文化服装学園を卒業した都会育ちでしたが、子どもに食べさせるために、父の実家の石原に帰って、初めての農業をしたのです。それは田んぼを耕し、畑仕事、山の下刈り、養蚕などと、慣れない仕事に毎日夢中で働きました。幼い子どもたちも母を手伝いました。弥太郎の怒りはもっともでした。

一麦出版社の西村勝佳氏には、この度も大変なご苦労をおかけしたことを心から感謝します。

また、毎年夏に休暇をいただいて中国に送り出してくれた南柏教会の皆さまと、妻美穂子に大変感謝しています。

わたしの弟・中島博が天に召されました。

二〇二四年一月二十一日　七十六歳

その生命は永遠に「燃え尽きない柴」（出エジプト記三章三節）

二〇二四年二月二十二日　八十二歳誕生日

中島英行

予告

『乳と蜜の流れる地』

出エジプト記、民数記、申命記による説教　下
藤田治芽先生と日本キリスト教会「大会伝道局」
日本キリスト教会「沖縄伝道所」の発足
説教数編

燃え尽きない柴　出エジプト記一章―六章一節（モーセの召命）による説教　上

発行日……二〇二四年三月十六日　第一版第一刷発行

定価……［本体一、六〇〇＋消費税］円

著　者……中島英行

発行者……西村勝佳

発行所……株式会社一麦出版社

札幌市南区北ノ沢三丁目四―一〇　〒〇〇五―〇八三二

郵便振替〇二七五〇―三―二七八〇九

電話（〇一一）五七八―五八八八　ＦＡＸ（〇一一）五七八―四八八八

URL https://www.ichibaku.co.jp/

携帯サイト https://mobile.ichibaku.co.jp/

印刷……モリモト印刷株式会社

製本……根本製本株式会社

装釘……鹿島直也

ISBN978-4-86325-155-7 C0016

新しい契約
――エレミヤ書による説教
中島英行

エレミヤの預言の言葉はユダの民に受け入れられず、生涯裏切り者として、孤独の、悲しみの預言者であり続けた。今日ここでエレミヤは何を語るだろうか。「植村環牧師とその時代」、南柏教会50周年記念礼拝説教を収める。

四六判 ［本体1800＋税］円

惜しむ神
――ヨナ書講解説教
中島英行

教会は危機的状況にある。しかしこの危機は、歴史の審判者なる神が、教会の新しい時代を切り開こうとしておられる機会であることを、み言に聴く。そのほか、ハイデルベルク信仰問答第一問による説教」など。

四六判 ［本体1600＋税］円

汲めど尽きせぬ泉
吉岡 繁

説教者が受け止めた神の言葉を、説教者自身の言葉で語る聖書的・牧会的・実践的説教は、伝道と教会形成の力の源である。教会を形成するのは信徒であるという教会像を示し、育て上げる教育的説教でもある。

A5判 ［本体2200＋税］円

キリスト教ビギナーズ
崔 炳一

ことわざのルーツ、名曲の歌詞や美術のテーマが聖書に由来していることや、キリスト教の暦が私たちの日常生活と深く関わっていることを説明しながら、初めて出合うキリスト教をわかりやすく伝える。絵画や写真を多数掲載。

A5判 ［本体900＋税］円

シンガクすること、生きること
ケリー・M・カピック、藤野雄大訳

あなたも神学者！　神さまのことを考えることは神学すること。神学とは無味乾燥としたものではなく、現実の人間の生と密接に結びついた、エキサイティングかつダイナミックな営み。

A5判 ［本体1200＋税］円

ジュニアのためのキリスト教教理問答
立石章三

キリスト教教理をわかりやすく解説した新しい教理問答。歴史的な教理問答をベースに、青少年向けに、客観的に解説したキリスト教入門書。現代人が聖書とキリスト教に対してもつ、さまざまな疑問にも答えている。

A5判 ［本体1200＋税］円